威廉·弗卢塞尔作品

Die Schrift

Hat Schreiben Zukunft?

书写有未来吗？

[巴西] 威廉·弗卢塞尔 / 著

周海宁 / 译

復旦大學出版社

中文版序

再访《书写有未来吗?》:
致敬后书写时代的书写者

《书写有未来吗?》(1987)是威廉·弗卢塞尔生前写就的最后一本著作。弗卢塞尔认为,将字母与文本记号并列排序的"书写"(Schreiben)几乎(或者完全)没有未来,因为新符号已然诞生了,它比文本更易于生成,在传达、接受和储存信息方面也更有优势。早些时候,录音带、唱片、电影、录像带、磁盘等的出现表明,能比文本记号更好地传递信息的符号已经存在了。在弗卢塞尔看来,新符号的出现就像文字与传统图像在历史时代之开端的对抗一样——20世纪末出现的数字符号(digital code)也在对抗并超越字母符号。弗卢塞尔认为,如果历史时代字母符号的思维挑战的是前历史时代的魔法(魔术)思维,那么数字符号的思维就是对过程性、发展性意识形态(它源于字母-数字符号的结构性、系统性、整体性思维方式)的对抗。弗卢塞尔预言,尽管字母-数字符号作为启蒙符号,从文字发明到文字文本的成功启蒙历经了三千多年的岁月,但数字符号在21世纪的新启蒙,从开始到成功也不过只需要几十年的时间。

虽然书写正处于一种危机状况,但通过比较过去与将来的书写姿态间的差异，弗卢塞尔以文化人类学式的传播哲学方法考察了"文字文化"(Schriftkultur)。早先曾学习书写的人，在学习数字符号时代的新符号时，其年岁也大了，可能人也变得懒惰了，但仍有人相信，只有书写文章，才能通过书写的姿态成就自己的此在(Dasein)。因此，对书写展开考察，是为了以下三种类型的人：第一类人相信书写存在意义；第二类人认为必须学习电脑而不再进行传统书写，并一心想要返回"数字化幼儿园"；第三类人尽管知道书写没有意义，但仍进行书写。本书就是针对前两类人写的，并敬献给第三类人。

在本书中，弗卢塞尔对文本的**标题(Überschrift)**进行了深度思考，并赋予其创造性的含义，继而展开了有关文本的书写（元书写）。此时，所有的书写都是正确的，它们呈现为一种排好顺序的文本符号的姿态。虽然神话的或魔术（魔法）的思维不再被使用并被废弃，虽然这种思维仍在圆圈内循环，但书写就是一种将它并列排序的姿态，而且正确的、排序的思维具有逻辑性。按照这种逻辑思维，本书对书写的变化过程进行了批判性、反思性研究。具体而言，本书将书写的变化过程描述为以阴刻方式雕刻的**铭刻文字(Inschrift)**，在物体表面书写的记录（表面文字），以及字母、文本、印刷、规定、口语、文艺创作、阅读方式、解码、书籍、信件、报纸、书写用品店、书桌、脚本、数字符号、重新编码。需要指出的是，为与本书第一章的标题对应，也为了让人们意识到威胁逻辑思维的第二次文盲潮即将来临，或者从更深层次来说，为了抵抗人类因无法解读技术图像而展现出的无能为力，弗卢塞尔强忍着泪水收集了数千个**签名(Unterschrift)**，并以这样的核心立场作为收尾（所以它也是本书最后一章的标题）。基于此，我在序言中将遵循弗卢塞尔的考察顺序，对本书进行简略分析，以帮助读者有效地理解他的思想。

从人类文化史的角度来看，最初的书写使用类似于楔形的工具，将按时间顺序循环的与神话思维有关的信息刻在适合的物体上，并通过一些手段长时间地保存它们，用以传达信息。可以说，最初的书写始于一种对抗熵的不朽姿态。铭刻文字是人类自由意志的表现，是源于其渴求不灭的自由精神的表达。这是前历史思维[致密且模糊的平面（图像）符号]转换为历史思维[有差别的、鲜明的线形符号（文本符号）]的瞬间。

铭刻文字是将信息刻在物质对象上，伴随着这一过程，**表面文字（Aufschrift）**书写方式出现了，铭刻文字便走上了衰退的道路。铭刻使用的是楔形刻刀，表面文字使用的则是毛笔和钢笔。刻刀虽然在结构上相对简单，但在功能上比毛笔和钢笔更为复杂。这是发展的征候，因为一切东西如果想要在功能上更为简单，就必须在结构上更为复杂。特别是文学（弗卢塞尔笔下的文学指文字记录等字母符号的集合），它不要求深思熟虑或悉心观照，只是通过记录便可用于讲授和教导。因此，日趋加快的书写与阅读速度说明了文学潮流的张力。伴随着快速记录，"发展"也开始加速，历史意识也开始焕发活力。然而，正如今天人们意识到的那样，书写已经被中断，但未被中断并继续加速化的"发展"，则由以惊人速度运转的装置（Apparat）来推动。当下，为了便于人们观察，技术图像取代文本，成了更加合适的符号。与此同时，书写经历了转向"技术图像的宇宙"的复杂过程，所以它并没有被简单地克服（超越）。其理由如下：第一，技术图像从历史（故事、装置）处汲取了营养；第二，这些图像将历史（装置）程序化；第三，装置犹如历史时代的人类所进行的书写一样（但装置使用其他非文字的符号）。因此，这是一个艰难地转向后文字宇宙的过程，它要求人类对文化进行慎重的思考。

几百年来，人类利用字母-数字符号进行线性记录，它是完善的、多样化记号（Zeichen）的混合体，如文字（声音记号）、数字（数量记号）和没有被精准定义的书写规则符号（如标点等）。弗卢塞尔认为，**字母（Buchstaben）**是声音的记号，所以字母文本是听觉性陈述的总谱，它能使声音"可见"。与字母符号不同，数字是观念的记号，是要用"内在之眼"认知的图像。比如，人们认为数字"2"是精神性的图像，可以被理解为"一对"。因此，字母文字将听觉性的认知符号化，数字则将视觉性的认知符号化。也就是说，字母符号属于音乐的领域，数字则属于戏剧艺术的领域。神经生理学认为，字母与数字分别调动着人类不同的脑功能，左、右脑在人们阅读字母和数字时发挥着不同的功能。因此，字母-数字符号通过使人类的大脑处于混乱状态，实现了字母对数字的压抑。如此一来，言语与图像之间的辩证（Dialektik）结构就能在字母-数字符号的内在紧张关系中得以确认，即文本是字母-数字的符号化。比如，人们在观察一页科学文本时，看到的是被数字之岛中断的字母的行。人类的认知体系中存在着两种无法妥协的现实（Wirklichkeiten），即听觉性字母文字与视觉性数字的并存。然而，现在由眼睛支配耳朵的革命已然发生，数字开始从文字中被解放出来，电脑这一计算机器开始慢慢地替代人类的精神功能——计算、思考、决断、预测。在计算机的影响下，科学如同马赛克般的可计算的小石子（calculi）拼凑在一起，并设计出一幅世界图景。更为确切地说，科学不仅在无生命的维度（原子碎片）发挥作用，在生命维度（基因）也是如此。在生命维度中，社会（Gesellschaft）被视为一个马赛克。其中，那些构成要素（个人）根据可计算的规则而相互结合或分离。同时，我们原本的思维被解释为可数量化的要素的计算。如果说（数字形式的）眼睛在当前超越了（字母形式的）耳朵，并开始占据更为重要的位置，那么人们就可以利用数字操纵（数字化）听觉性的认知。由于字母符号的发明者将制作（传统）图像的人和将神话阐释为魔术（魔法）的人同样视为敌人，所以发明字母的动机便是超越前历史（魔术性、神话性的）意识（Bewußtsein）。因此，字母符号是历史意识符号的发明。也就是说，我们抛弃字母是为了超越历史意识。人类厌倦了由历史意识推动的发展，并进一步验证了历史思维的疯狂与残酷。这是我们试图抛弃字母符号的真正理由。

在文字对抗口头语言的斗争中，为了将流传于神话的魔术展开为线（条），已死的字母在发明过程中如吸血鬼般吸吮着语言的生命（血），并形成线（列、行），即**文本（Buchstaben）**。文学（Literatur）可被称为文本的宇宙，它作为半成品指向了接收者（读者），并由接收者加以完善。因此，读者的阅读方式越多，文本的意义就越丰富。文本（信息）的命运取决于接收者，所以在书写之时，"我为谁而存在"这一问题在由文本支配的社会中成了一个政治问题。书写文本并公之于众（发表）是一种政治姿态，此外的所有政治参与都遵循并服从于文本。这时，书写者只能触及并将信息传达给与其文本的渠道相连接的接收者。文本的作者首先是为连接渠道的中介（出版人）进行书写，这是为了将由出版人一起参与的半成品文本拽入信息的环境，以抓住读者。有些文本被精心书写，文字如水般流畅，但充满矛盾的优秀文本是书写者、出版人之间的创造性对话，这使人们怀有希望，它昭示了并非所有的文本都是技术图像的替罪羊。

在16世纪的欧洲，推动宗教改革的**印刷（Buchdruck）**技术的发展成为一场政治革命。但是，与其说它是制作印刷物的技术，不如将它分析为信息革命时代的新的书写方式与思考方式。在字母-数字被发明以后，从公元前2000年中期开始，人们就开始使用挤压（工艺）、单页形式的支架和金属印刻技术来印刷书籍。然而，他们并没有在描绘文本记号时产生类型（Typen）的思维。古腾堡的伟绩就在于，他在字母-数字文本中发现了类型。古腾堡之前的书写者视文本符号为"将特殊口头语言的特殊声音可视化的文字(Charaktere)"。因此，当时存在四种文字符号(拉丁语、希腊语、希伯来语、阿拉伯语)，分别将各自的语言以特殊的方式可视化。不过，当时的书写者开始模糊地意识到一个事实，即文本记号实际上不是文字，而是类型。书籍印刷从两个角度明确地阐释了这种模糊的意识。第一，书籍印刷表明这些类型并不是不变的(永恒)形式，而是可以被制造、改善、废弃的模型。当然，也正是这种问题意识导致如今文字书写的历史思维处于危机。第二，印刷物是类型的事物，而不是特别的、不可比较的唯一之物。一份印刷物是众多原稿中的"一卷"(Exemplar)，而不是什么特殊的事物(不具有唯一性)，只具有作为一种类型的价值。在思考印刷物的时候，类型化尝试、记号的创造、意义的赋予、信息的提供等，都是与人类品味(尊严)相符的事情。制造特定事物的劳动被视为非人类、压迫性的劳动，其结果是(装配机器的)工业革命的产生。书籍印刷成为工业革命的根源，也成为其模型。同时，信息不只是被印刷在书籍中，也被印刷在织物、金属、塑料上。书籍印刷能够被视为正宗的字母书写，是西欧社会中历史的、科学的、进步的思维的表现。然而，信息革命将书籍印刷、字母符号及与其对应的思维都变得非必要了，而且正在诱导新的、尚未被看到却已在预料之中的思维方式产生。

若想理解上述这种新的思维方式，只需看一下那些将新记号置入装置的人如何操作就可以了——他们为了将装置程序化而敲击键盘。需要指出的是，"程序"这个词在德语中表示**指令或规定(Vorschrift)**。这些人并不是越过句子而指向他人进行书写，他们是为了装置本身书写。由此可见，书写的本质已然发生了变化。同时，由于这种书写的方式不同，"程序化"(编程，Programmieren)这个新名称就出现了。这对反动(保守)主义者来说不仅是不方便的，还是一件危险的事情。对这种新生事物的恐惧可以从它们表面上看似无害的维度加以分析,即人们不再用字母符号书写文章,而是使用所谓的二进制符号——一种完全不同的符号来书写。当然,人工智能在解读字母文字的能力上还是有不足的。这种新的电脑符号在结构上非常简单,在功能上却相当复杂。人们虽然都学习了字母符号,实现了民主化地去文盲,但随着二进制符号的出现,大部分人却又因尚未学习电脑符号的使用方法而再次掉入一个新诞生的阶层——电脑文盲。从摩西的"十诫"开始到宪法出现,所有的规范(律法)都是人为创造的,以使神话性的作者(神、民族等)具有神话性的权威,并实现了对其他人的约束。然而,使用方法(说明书)规定的则是与机械相关的自动的人类态度。因此,使用方法越简单,机械就越自动化,因为程序占据了完全自动化的位置。此时,这些规定从命令性的陈述("你必须做")转变为功能性条件的陈述("如果……就……")。在电脑程序中,由于没有"命令",所以在完全去政治化的情况下,人类与社会就犹如控制论系统(Kybernetik-System)一样被自动操纵。

当程序化从字母-数字文本中分离出来之后,思维的可视化就不再需要通过**口语(Gesprochene Sprachen)**来发挥作用了。在包括西方文化在内的所有字母文化中,以口头语言通往符号的迂回路径已经变得不必要了。当字母符号还是支配性符号时,它产生的思维与言说相结合,但随着文字符号被其他非语言符号(如数学符号、雕刻的符号等)超越和扬弃,新的思维方式也产生了。由于字母符号与言说的结合产生了思维的规则——逻辑(Logik),语言批判也以思维分析的方式被人们使用。可是,当字母符号被超越时,思维从言说中被解放出来,并基于非语言符号的思维方式,在意想不到的状况下得到了广泛的展开。此时,从字母符号中分离出来的口头语言,以唱片、录音带、有声电影等方式泛滥，并指向社会中的尖叫和低语。如今，这种声音符号虽然被视频剪辑和数字影像等新的符号再次超越，但后文字时代的口头语言顶多作为音乐和电影的辅助符号而加以使用。

　　从传统上来看，在字母符号占支配地位的时代，**文艺创作(Dichtung)** 以创作（poiesis）而非模仿（mimesis）的方式与语言紧密连接。也就是说，文艺创作可以被视为由词语与句子操纵的语言游戏，文艺创作的战略是通过创造语言的宇宙而进行扩张的。然而，不同于模仿，由于装置的导入及相应的新符号的出现，文艺创作走上了目前来看人类尚不能预料的道路。图像在如今摆脱了模仿的功能，并转换为具有创造性的文艺创作方式。这种文艺创作的力量已然在诸如电影、视频、综合性图像中变得可视化了。然而，在语言游戏的意义中，通过文艺创作接近新文化的道路似乎被封闭了，因为它受到字母书写的束缚。文艺创作的书写是体验模型的创作，如果没有这样的模型，人类几乎就无法认知。在这一意义下，作家就是一种认知器官。然而，利用装置并通过输入数字符号书写的作家必须知晓如何计算他的体验，并在继续分解它们的过程中将其程序化。在进行这种计算时，作家确认了一种事实，即他的体验已经被其他人事先模型化了。他不再能将自己视为作家，而是视为置换者（Permutator）；他操纵的语言也不再被视为他内在积累的原料，而被视为钻入他体内的一种复合体系，以通过他实现置换。在语言的游戏意义中，我们早晚会看到两种类型的文艺创作：一种是遵循程序，不断地宣讲（朗读）新的文化思潮的言说型人工智能，即人工性的吟游诗人将出现；另一种是信息制作者在置换游戏的帮助下，使文字或其他符号化的文学以惊人的速度在屏幕上闪耀。在预想文字符号书写的终结及其可能的完善形式之时，人们畏惧的是阅读的没落，即批判性解读的没落。具体而言，人们畏惧两种事实：第一种，在不久的将来，所有的信息特别是认知及体验模型将被无批判地接收的事实；第二种，信息革命将人类无批判地转换为信息接收者（机器人）的事实。

如果人类具有健康的理智①，他们就会将书写的位置摆在阅读之前，因为必须有什么先被书写出来。然而，如果遵循弗卢塞尔的观点，上述内容就不是真理了。早在文本发明之前，阅读就已经开始了（如捡豌豆）。书写提供了一种**阅读方式（Leseart）**，它按照一定的线索将文字贯穿，便于人们从一堆文本符号中挑选并阅读。"阅读"具有"拾取"的意思，而拾取的动作意味着"选择"和"智能"。拾取的结果是"优雅的""精选的"。当然，书写者并不是第一批"知识分子"（Intellektuellen），而只是在历史时代具有标志性的知识分子。与过去的人相比，他们更优雅地"拾取"。阅读在书写之前，拾取在贯穿之前，计算在电脑化之前，如果接受这些事实，我们便能直面人类健康的理智所遮蔽的困难。如今，现实是那样（如实地）存在的世界，它失去了主张价值中立的科学信仰，即失去了无批判的信仰。也就是说，我们失去了批判及阅读的所有能力。现在，学习阅读与书写就变得没有任何意义了。作为替代科学阐释和批判的阅读方案，鼓励破解谜题的阅读，即把单颗谷粒捡起来进行组合，进而形成无意义的某种东西，这种组合游戏被证明是一种戴着面具的批判性阅读。今天，在悠久的传统阅读方式转换为新的电子化阅读方式的过渡期中，重要的问题是人们如何从历史的、价值评价的、政治的意识中跃出，转变为控制论的（人工智能的）、意义赋予的、游戏的意识，因为未来的阅读将以这种方式进行。

---

① 康德在著作《纯粹理性批判》（*Kritik der reinen Vernunft*）中使用了"Vernunft"（理性）、"Verstand"（理解力或理智）和"Wissenschaft"（科学）等术语来阐述其认识论和批判哲学。在该书中，康德对"Verstand"进行了深入的分析，探讨了它处理时间和空间的直观形式，以及如何通过这些形式来认识事物。——译者注

德语中的"数字"(Ziffer)一词源于阿拉伯语"sifr"(空的)。阿拉伯人眼中的"数字"(Chiffre)与"0"(Zero)具有相同的词源。数字是一种空的容器,所以我们必须将里面的某种"量"(数量)拽出来。比如,数字"2"就是将"双"从空容器中拖出来,字母"a"是承载一定数量的发音的空容器;文本是一系列数字,是字母或其他文本符号,阅读它们的过程就是在**解码(entziffern)**,即把包含在数字(容器)中的量(它的内容)拽出来。具体来看,解码的方式有三种:第一,小心地展开(解释);第二,急切地粗略浏览(服从);第三,带有怀疑地暗中研究(批判)。那么,书写者为何大多颇感不平呢?对于这个问题,弗卢塞尔回答道:"他们在书写之前是读者,从存在论上看,阅读确实是先于书写的。"因此,被书写的内容是经过表面的、具有批判性的方式阅读文本后而作出的回答。由于读者以多样化的方式消化文本,所以如果作为读者的书写者以不同的方式消化了文本,对于经历过一次启蒙的他来说,以固有的方式消化文本绝对不是什么令人惊奇的事情——他已经熟练掌握了用自己固有的编码来解读(解码)文本的方法。如此一来,被剩下的就只有空空的容器了。我们不妨假设一下,若偶然得知在书写之时自己只不过是在画 0,那么"数字"这一词语就重返它原来的荒凉意义(0,即根本的无意义)了。

随着书写的没落,纸张的意义与人类的批判能力都消失了,比图书馆更优秀的人工记忆出现了。此时,原来被图书馆保管的东西全部转移到新的记忆之中。比如,《不列颠百科全书》(*Encyclopaedia Britannica*)的内容只需要比 1 立方米还小得多的储存空间,而且人们在指尖按压键盘的瞬间就能获得全部信息。**书籍(Bücher)** 可被视作位于森林(其中有用于制造纸张的树木)与人工智能的中间阶段。在此处,我们离开了森林,收获的是翻转(Umdrehen)、展开(Aufschlagen)

和翻页（Blättern）。"翻转"与"革命"是同义词，前者以物理的方式对抗墙壁，后者以科学的方式对抗传统范式，它们在过去的工业革命和当今的信息革命中得到了确认。被翻转的图书在桌子上展开，我们为了确认其中包含哪些内容而展开目录，为了确认作者处于哪种社会情境而展开内容索引和人名索引。同时，我们为了想象什么内容必须首先被分析而依据图片翻开书。如果是有一定道德感的人，他可能会因这种行为而受到良心上的谴责，因为图片是作为被书写之物的一种功能而插入的。此处，良心的谴责是受到妨碍的历史意识的征候。毕竟，展开图书是选择该书并实现阅读的一种姿态。如果用两个手指夹着书页去实现翻页，读者可以期待偶然从书中抽出线丝，它的末端可以与任何能缠绕的东西相遇。然而，在真正的人工记忆中，任何翻页的姿态都是不存在的。如果书籍屈从于功能性记忆，那么人们就会以一种比展开图书和翻页更为复杂的方法来展示他们记忆中储存的信息。当前，所有的科学和技术领域都在研究这种方法。

　　"信件"（Brief）一词在德语中意味着"简短的文本"，在英语中意味着"简短的文本摘要"。信件是人们等待或未被预料到的某种东西。等待显然意味着自明性的宗教范畴，即代表着希望，而邮政源于希望的原则（机制）。同时，由于等待信件具有时间上的节奏与间隔，所以也被视为庆典性的文本。信件遵循固定的仪式，如应具备发信人、收发场所、送达日期、收信人、格式化的问候语和告别语，还有邮件书写的语法、正字法、强制的韵律等。所有带有庆典性质的物品都是这样。当然，这与文艺作品（如诗歌）的写作也是相似的。具体而言，对书写信件的人来说存在两种策略：一种是"古典的"书信写作，即力图根据规则创造一个结构化的整体；另一种是"浪漫的"书信写作，即旨在缓和规则，进而创造性地扩张规则。诗歌艺术的张力就呈现为其穿梭于古典和浪漫之间,而这种张力在历史的、个人的意义中可以被视为最精致的艺术。从这个意义来看,书信可被视为阅读文本的最高形式的模型。今天,当我们忘记了信件书写艺术之时,尚未被学习的具有主体间性特征的新艺术——电脑艺术登场了。人们在远离书写之时便沦为孤独的大众,但我们能预感到,大众媒介正开始分化为具有主体间性的书信形式。正是这种模糊的"预感"(此处若使用"希望"一词未免会使情绪显得过于强烈)允许我们目睹信件和邮政的衰落。

在电视、广播等新媒介出现之前,纸质的**报纸(Zeitungen)**与书籍或杂志相比,是一种短暂的、一时的且容易被迅速超越的记忆。尽管与新媒介相比,在固定(捕捉)电视屏幕上看到或通过扬声器听到的内容方面,报纸在时间上是落后的,但它成了一种更为持久的记忆。这是"站立的现在"(nunc stans[①]),即与永恒性是相似的持续性问题。从广播或电视的听视者时间中发出的非物质信息,不断流转,从不停歇,然后被接收者的记忆吸纳。然而,报纸与新媒介不同。作为人工记忆,它允许人们触摸、折叠和剪裁。换句话说,它是能够被人们分析(理解)的。与借助电磁波传递信息的媒介(电子媒介)相比,可被分析的报纸媒介能成为更为持久的记忆支柱。弗卢塞尔预测,如果视频、音频磁带等利用电磁波的媒介大量、低价地进入所有家庭,报纸就会以历史意识的最后残渣的形式消失。一方面,作为政治自由形式之一的报纸(新闻)自由成为自由的基础,那么由控制论操纵的信息生产与分配对报纸的超越就会产生令人震惊的结果。另一方面,由于报纸以中心化(中央集中式的)方式送信,所以它在结构上是法西斯式的。如果在这种法西斯式结

---

① 拉丁语,意为"站立的现在"或"静止的现在",是一种处于"站立"或"静止"的状态。——译者注

构的内部谈论报纸的自由（政治自由），那么报纸的消失便毋庸置疑。关键的问题在于，法西斯式报纸的结构是否在今天也一样强有力地适用于新媒体，又或者说，其他网络类型的信息传播路径（Schaltplan）受到如此巨大的关注是否与报纸的消失有关。如此看来，问题的核心始终与自由相关。

如果将信息从私人空间上传到显示器，那么我们感兴趣的所有商品都可以通过电缆实现由中央的配送。基于这种假设，弗卢塞尔预测，作为售卖书写材料商店的**书写用品店（Papierhandlungen）**，将会随着文本的没落而消失。信息革命是政治的、文化性的革命。因此，书写文化（Schreibkultur）没落了。从书写用品店的交易来看，打字机或老式书写工具的功能开始让位于不再消耗纸张的人工智能——文字处理器，而且后者的销量似乎更为可观。纸张作为文字的载体从书写用品店被生产出来，经过书写者的桌子进入废纸篓，然后再进入垃圾桶，最终从这里回归自然。我们说不定是历史中第一代能够在废纸篓里书写的人。当我们展望未来之时，也许看到的只能是废纸篓里的垃圾。同时，下一代人必定要艰难地从废纸篓里爬出来，并眺望整场马戏表演（书写用品店—成书—废纸篓—垃圾）。因此，指向书桌的书写用品店的本质再也不能被忽视了。

拒绝遭遇现实的（物理性）抵抗（无抵抗，如印度的甘地）就是消灭权力。如果我们展开对这一事实的分析，那么通过想象空空的**书桌（Schreibtische）**就足够了。指向权力的意志诱惑我们去书写用品店购买书写材料，然后重新将桌子装满。这是一种非常特殊的力量，是与刀相对的笔的力量。将圆展开成线（条），在线（条）的帮助下试图触及（到达）他人的这种意志，将书写者引诱至文具店以抓住使用笔的权力。弗卢塞尔认为，这种指向特殊权力的意志是在西方文化的形式中实现的。

同时，从这一意义来看，笔的权力领域可以被称为我们社会的基础结构（Unterbau）。然而，总结书写用品店和制作图书的视角将允许我们把文本的没落理解为政治的没落。书写用品店随着城市和公共空间（出版的空间）特别是纸张的消失而收到了死亡判决。最终，当人们将目光转向书写工具时，在"时代精神"（Geist der Zeit）中，书写的目的就被完全忽视了。我们不妨思考一下，当排列的线条在为组合那些点的谜题让路时，以"为什么"开头的问题还是否有意义呢？

当前的新鲜之处在于，文本不仅是经过出版社面向读者，而且还是经过电影、电视、广播的生产者走向了受众（观者和听者）。书写这种文本的人被称为**脚本（Script）**作家，他们的根基立于无法轻易停止的滑坡之上。这种根基是一种平面，是从文本文化的高地通往技术图像文化深渊上方的桥梁的倾斜平面。因此，那些脚本作家总是圆滑的，并火急火燎地滚入了深渊。犹如走钢丝的人一样，借助文本技巧（Schriftakrobatik），脚本作家试图在文本与图像（或声音）之间取得平衡。然而，他们做不到，因为图像的重力场强有力地吸引着他们。尤其是他们的马戏表演必须产生于媒介之内，且必须在媒介的输出中得到引用，所以这并非一场公开的、喧嚣的演出。他们在舞台背后默默地书写脚本。这种脚本是类型混杂（Hybrid）的，其中有一半是用于戏剧表演的文本，另一半则作为人工智能自动计算程序的先行者，且已然被装置程序化了。

进入20世纪以后，人类在自然科学领域取得的成果可以概括为两个关键词，即相对性（Relativität）和量子（Quanten）。第一个关键词表明，迄今为止被视为绝对性的空间与被视为明确流动的时间只不过是观察者（主体）间的关系。因此，遵循着这种相对性，距离、间隔、认识等根本问题，以及在不久的将来的认知、情感、意志、行为等问题就已经被决定了。第二个关键词表明，迄今为止被认为坚固的世界，只不过是偶然间变得杂乱无章的微粒子。因此，遵循这种量子理论，偶然性和对这一世界相应的统计是与数学相匹配的，原因与结果仅呈现为统计学上的概率。这种结论当然就从根本上改变了我们的情感、意志和行为。从此，我们就无法像以前一样生活了。伴随着这种思考的转换，信息革命发生了，我们需要重新学习两种思考方式。第一种，我们只是思考图像，但不会认为任何东西都是图像，因为我们认识的一切东西都仅是作为头脑中的电脑化图像——它们什么都不是（是虚无的）。第二种，思考不是连续的话语式的过程。也就是说，思考变成"量子化"的了。这与西方文化中特有的思维方式截然相反。在西方，思考总是发展的过程。这一过程从图像与想象中分离，并对它们进行批判，以生成概念性的东西。这种思维方式源于字母文字，也源于思维方式的字母符号化（反馈）。以这种对思考的新见解为基础，**数字符号(Digitale)** 诞生了。同时，由于反馈，我们越频繁地使用符号，就越明确地进行着量子化（及其与图像相结合）的思考。同时，作为模仿我们神经系统的二进制符号，运行它们的装置以"0—1"的形式制作出了海量的数字符号。犹如字母符号对抗本来由图像文字（表意文字，Piktogramme）包含的魔术和神话，上述过程（数字符号的生成）也导致了新的结果，即今天的数字符号以结构的、系统分析的、控制论的思维方式与文字（历史）符号所内含的过程性、发展性的意识形态对抗，并试图替代它们。

用新符号将文学**重新编码(Umcodieren)**是一个令人晕眩的课题，因为它要求我们从精神世界转移到一个陌生的世界。这是从口头语言转向表意文字式的图像，展示出从逻辑规则转向数学规则的趋势，尤其是从由行构成的世界转向由点构成的网状世界。弗卢塞尔认为，从文本到以电影、CD(VOD)、电视和电脑为载体进行重新编码时，其中最引人注目的是以科学文本为基础而被创造出来的东西——源于逻辑性、数学性思考的陈述同时成为图像，并且这些图像是活动的、色彩斑斓的。这是因为科学思维可以被翻译成新的符号，同时不需要使用与之对应的翻译理论。具体来看，人们对于重新编码的认知存在两种相反的倾向：一类人不想学习重新编码，并且认为这种学习实无必要；另一类人则急于将已经写就的或即将被书写的一切内容都重新编码为数字。在这两种极端倾向的夹缝中，还存在这样一些人，即他们知道重新编码或再学习的必要性和艰难性。也正是从这些人身上，我们看到了值得期待的翻译理论和重新编码的哲学。如果这样的理论和哲学成为现实，从字母文化转向新文化的过程就能成为一种有意识的思考和生活条件。反之，若没有重新编码的理论与哲学产生，人类极速跌落为新文盲的忧虑将挥之不去。因此，作为本书的结论，弗卢塞尔提醒我们警惕在将字母符号重新编码为数字符号的过程中可能出现的后文字文盲现象。为了抵抗这种可能出现的新文盲潮，弗卢塞尔认为需要数千个签名，并以此作为这部著作的结尾。

韩国朝鲜大学媒体传播系荣誉教授　金成在
2024 年 3 月

序

书写有未来吗?[①] 将字母与其他文字记号(Schriftzeichen)对比,文字书写看起来几乎或者完全没有未来,因为与文字记号相比,能够更便捷地传递信息的符号出现了。到目前为止,以前使用文字记录的很多东西,现在都可以通过磁带、音响、胶卷、视频录像带、缩微胶卷或硬盘(软盘)等来妥善保存。此外,很多以前无法用文字记录的事物,如今也能借助这种新的方式被记录下来。与此同时,相较于文字,以这种新方式编码的信息能够更便利地生产、传递、接收与储存。与使用既有文字或阿拉伯数字相比,未来的人们通过使用新符号,能够更有效地传播信

[①] 弗卢塞尔此处讨论的书写指文字符号的书写。迄今为止,书写作为一种姿态,传递了人类绝大部分的文化信息符号,而且这些信息通过书写得到了储存。与此同时,书写的形式一直在变化,不断更新的符号出现在人类社会。自从技术图像(电磁化的图像,如摄影、摄像、计算机图像等)被广泛应用以来,一切可被书写的内容都可以成为图像,而且技术图像的传播效果更佳。考虑到平面(图像)是由无数线条构成的,它能比线条(线性文本)承载更多的信息,所以人类能够将一幅图像描绘为无尽的文本。由此,弗卢塞尔直面书写媒介的发展,指出传统书写正被技术图像等新方式取代的现实。基于这种意识,他进而提出了"书写有未来吗?"这一问题,并展开了考察与思考。值得关注的是,这种问题意识在当前的媒介化社会中尤为突出,人们应予以重视。其意义正如作者在第二版后记中所说:"发表思想并非要证明或反驳某件事情,而是要以对话的方式不断地重新思考。"——译者注

息、研究学问、发展政治或创作艺术，甚至也包括进行哲学研究。如此一来，文字符号就如埃及的象形文字或印第安人的结绳记事（indianischen Knoten）般被搁置在一边，其终究难逃被淘汰的命运。

不过，很多人并不认可文字的这种宿命，特别是出于人的惰性，就更为如此。究其原因，人们已经学习过一次书写，若再让他学习新的符号，多少会显得心有余而力不足——毕竟年岁大了。于是，人们试图用一种伟大、高尚的神秘氛围（Aura）庇护这种惰性。我们可以说，如果文字书写即将消失，那么荷马等诗人、亚里士多德等哲学家、歌德等作家的伟大功绩也将一同消失，更不必说《圣经》（*Heiligen Schrift*）了。只是我们又如何能确定那些伟大的作家（包括《圣经》的作者）不喜欢在磁带或电影中发表讲话呢？

然而，惰性不能阐明一切。有一部分人相信，如果没有书写，人类就无法生存（虽然我也属于这一类）。这不是因为他们试图模仿荷马，而是因为他们十分明确，即使自己成为荷马第二，他们也不会如荷马一般写出那样的文章来。但是，这些人依旧相信书写是必须的，因为他们的存在①能且只能存在于书写的姿态②。

当然，正是他们坚信的这一点引导他们走上了"歧途"。然而，就算假设他们是正确的，并且那些视频产品与他们的存在不符，即与他们的"精神形式"（formal mentis，内在形式）不契合，也不能证明正是因为这

---

① "Dasein"是海德格尔《存在与时间》中的术语，多译为"此在"，意为将自己作为人类而理解的存在者。同时，弗卢塞尔（及与他类似的人）相信惰性（学过书写就无法再进行新"书写"的学习）并非全部原因，因为他相信书写能够更好地表达自己的"精神形式"（内在形式），如想法、愿望、欲望等。——译者注

② 参见弗卢塞尔的另一本著作：《姿态：一种现象学实践》（*Gesten：Versugh einer Phänomenologie*）。弗卢塞尔认为"姿态"指向一种特定的、可被描述为"表达意图"（expressions of intention）的运动，并进一步提出"姿态就是表达某种意图的身体运动"。——译者注

种态度(认识)而使他们的存在形式变得十分陈旧(过时),进而使这类人如同已经灭绝的中生代恐龙。相反,这证明了不是每个过时的东西都必将毁灭。所谓的进步,它并非必然与改善(变得更好)成为同义语,因为恐龙在其所处的时代也是十分美好的动物①。但即便如此,如果对书写的形式过于执着,它就将成为一件值得商榷的事了(这就是另一个需要探讨的问题了)。

对于这类问题,我们应该如此追问:书写的特殊之处是什么呢?基于哪些特点,我们能够将书写从可比较的过去与未来的其他类似的姿态中区分开来呢?——是从绘画(勾勒、涂抹)中,还是通过敲击电脑的键盘?此外,我们还要问的是,所有的书写姿态是否都存在某种具体的特征呢?——从雕刻于大理石表面的拉丁字母,到绢帛上用毛笔书写的中国表意文字(chinesischen Ideogrammen),到黑板上潦草地写下的方程式符号,再到打字机键盘打出的字母。在书写姿态出现之前,人类到底过着一种怎样的生活呢?书写方式出现后,人类的存在又将有何变化?这些可能的问题不仅指向书写本身,说不定也指向阅读(Lesen)。

上述种种问题看似简单,但实际上远非如此。要想找到答案,可能需要相当篇幅的讨论,所以我选择从字面意义上写就此书。其旨趣在

---

① 作者用"精神形式"一词说明了传统书写的内在指向功能,与柏拉图的"内在之眼"(或"心灵之眼")异曲同工。苏格拉底在《理想国》第六卷说:"让我们以这种方式把人的灵魂比作眼睛,当灵魂凝视由真理与实在照耀的区域时,灵魂就能够被认识和理解。"实际上,这有力地证明了苏格拉底实现了从前苏格拉底哲学的宇宙视野转移到苏格拉底哲学的"人"的视野。在历史时代,文字书写是一种心灵的内在对话,是一种内在或精神的形式。但是,在技术图像时代,这种"精神形式"似乎"过时了"。以恐龙为例,弗卢塞尔阐释了不能用"进步"的线性视角考察对象,因为从美学的角度来看,恐龙也是美丽的。考虑到传统书写面临着"落幕"(终结)的结局,人们应该以多维视角审视这一现象,放下对书写形式的过度执着。——译者注

于，我或许可以找到那些本身无论如何都需要书写的人，那些因认可书写之高贵而不愿放弃书写的人，又或者是那些已经准备放弃书写的人。这种思考就引出了一个矛盾，即此书本身也就只是一本书而已。但若它不是书，取而代之的将会是什么呢？——这才是真正亟待解决的问题。

目　录

1. 标题：有关文本的元书写　　　　　　　　　　⋯ 001
2. 铭刻文字：前历史意识转换为历史意识的瞬间　⋯ 007
3. 表面文字：历史意识的结构化　　　　　　　　⋯ 014
4. 字母：窥见历史意识得以超越的成因　　　　　⋯ 021
5. 文本：一种公之于众的政治姿态　　　　　　　⋯ 037
6. 书籍印刷：信息革命时代新的书写与思维方式　⋯ 047
7. 规定：程序化思维的兴起与新文盲的产生　　　⋯ 056
8. 口语：思维与言说的接合与分离　　　　　　　⋯ 064
9. 文艺创作：有关诗性的创造　　　　　　　　　⋯ 072
10. 阅读方式：从传统阅读到电子化的新阅读　　⋯ 080
11. 解码：书写与阅读的新隐忧　　　　　　　　⋯ 089
12. 书籍：关于历史自由的承诺与消失　　　　　⋯ 098
13. 信件：一种等待的哲学视角　　　　　　　　⋯ 107

14. 报纸：有关终结论的争议　　　　　　　　　　… 116

15. 书写用品店：一种书写文化的传记现象学　　… 123

16. 书桌：书写的权力意志　　　　　　　　　　　… 130

17. 脚本：历史的终结与机械装置的开始　　　　　… 138

18. 数字符号：量子理论对相对论的超越　　　　　… 146

19. 重新编码：从文字文化到新图像文化的转向　　… 154

20. 签名：联名抵抗第二次文盲潮　　　　　　　　… 162

第二版后记　　　　　　　　　　　　　　　　　　… 167

译后记　　　　　　　　　　　　　　　　　　　　… 170

1. 标题:有关文本的元书写[1]

在本书中我的意图是超越书写并以书写来记录。如果对此仔细地思考,你也许就能发现这是一种冒险,它有将作者困于圈套的风险。因为在这种具体的情况下,书写既是对象(相对而视之物),也是处理对象的工具。因此,此等冒险能够与元思维[2](Nachdenken)相比较。然而,这种比较显示了元思维与元书写(Überschrift)有多么不同。在"元思维"一词中,前缀"元"[3]具有两种意义:一方面,努力使此后被感知的思维排列在已被感知的思维之后,以实现秩序化;另一方面,努力使思维朝着已被感知的思维的反方向前进,以触摸思维的痕迹。但是,这两种策略对超越书写并以书写的方式记录而言是毫无意义的,因为不以书写的方式生成文本(如文学),却试图以书写出来的文本赋予书写秩序是不现实的——以书写形式生成的文本已被秩序化了。文本记号被排列(秩序化)成行,并且每一个记号都已经在这种一维的秩序中占据着一定空间。至于第二个意义上对文本痕迹的寻找则不会成为问题,因

---

[1] 如无特别说明,各章节的主标题为原书所有,副标题均为译者根据内容所加。——译者注
[2] 元思维,即关于思维的思维。这里指"反思"。——译者注
[3] 在德语中,"元"(nach)意为"……之后"。——译者注

为文本记号与痕迹(typoi①)并无区别。以书写来记录有关书写的东西，其本身可被视为元思维(反思)的一个种类。换句话说，以新的思维来组织(秩序化)与书写姿态有关的思维，追溯思维的痕迹，并尝试记录这样的过程，正是我写作本书的目的。

基于元思维与书写的关系来进行书写，从本质上看，这一行为能够被称为"元书写"。然而，遗憾的是，"Überschrift"这个德语词语的日常意义是"标题"，意味着一种不同的书写意义。需要指出的是，"元书写"与日常层面的意义(标题)并不相关，我在此处的论述中将使用这一词语的新意义——难道就没有人称呼"词语暴力"(Wortvergewaltigungen)为"语言创造"(sprachschöpferisch)吗？

所有的书写都是"正确的"(richtig)。这是整合文本符号并将其秩序化的一种姿态，而且文本记号是(直接或间接地)用以思考的记号②。因此，我们可以称书写为指向和整合思考的姿态。书写者必定在事前已经进行过元思维了，而且文本记号是由正确的思维姿态加以引导的引用符号。关于最早产生的书写方法，其背后隐藏着一个动机，即人们发现了书写的动机，以引导自己的思维进入正确的轨道。实际上，当考察文本时，我们对它们的初始印象正是秩序化之物、被排列之物。所有的书写姿态都是依据正字法而正确书写的，但这也直接与书写当前面临的危机联系了起来，因为借助正字法进行的准确书写通过排序使某种机械性的要素介入其中。如果是这样，与人类相比，机器确实能够更好地书写。也就是说，人类能够将这种书写的姿态(记号的秩序化)委

---

① "typoi"是古希腊语的拉丁字母转写形式。——译者注
② 书写的姿态是整合文本符号并将其秩序化，所以书写本身总是"正确"的，即它按照正义(符合规则)的、正确的方向前进。——译者注

托给机器。在这种情况下,所谓的机器并非传统意义上的打字机。打字机的情况表明,人类这个时期的存在(书写)方式是敲击键盘上排列好的记号,按照文本规则以行的形式将文字符号秩序化。我们这里提到的机器是人工智能,是实现文本秩序化的自动处理,并按照正字法书写文本的机器。不过,从根本上说,这种类型的机器不仅要能根据正字法书写,还要能自行展开元思维。当我们考察书写姿态的未来和元思维的姿态之时,必须展开多样化的深度思考。

在书写姿态中,思维只能按照行来排序,因为如果思维没有被书写出来,而是搁置在一边,思维就会在大脑中处于徘徊且循环的状态。在特殊的语境中,思维的这种循环状态(也正是因为这种循环状态,每种思维都能重返它之前的思维形式)可以被称为"神话思维"(mythische Denken)。文本记号是一种引用符号,它从神话思维转为线性排列思维,从而发挥导向作用。我们后续将对它的转换依据展开细致的考察,现在可以先将这种思维称为"逻辑思维"(logische Denken)。如此可知,文本记号是指向逻辑思维的引用符号。从狭义上看,如果有人观察引号(Anführungszeichen),就很容易识别出文本符号导向的逻辑思维。例如,"词"虽然是一个词,但"句子"就不是一个句子了。这一事实仅能通过文本叙述,因为用言说的方式陈述这种事实会令人在思考时感到晕眩。从广义且非常含蓄的角度来看,所有的文本记号都可以被视为引号。

那些文本的行并不只是使思维按照顺序排列、整合,也为了指向某些思维或接收者而进行排序。如果那些文本的行超越了终点,它们就会与某位读者相遇。书写姿态背后隐藏的动机不仅是让书写者整合思维,它也让他人(读者)整合思维,因为文章只有与读者相遇才能实现其意图。书写的姿态不仅是进入一个元思维内部的姿态,也是表现(Ausdruck)于外在、指向外部的(政治性)姿态。书写者施加压力(Druck),不仅指向自己的内部，也指向外部的他者。这种矛盾的压力会使人们对书写的姿态产生某种紧张的感觉，而正因如此，文字被确立为一种可持续传递西方文化的符号，并且以暴力的方式塑造了这种文化。

在这种对书写姿态的最早的观察中，令人印象最为深刻的是（字）行，即文本记号的直线展开。书写姿态表现为某种一维思维，并因此表现为某种一维的情感、欲望、价值观和行为的代言。也就是说，书写意识是从文字的前文字意识的混沌循环中，以文字为基础被表现出来的某种意识。我们能认识这种书写意识，因为它就是我们自己的书写意识，我们对此已经进行了思考和讨论。

本书并非最早的元书写论。虽然使用了不同的标题（叫法），但已有很多图书论述过"元书写"了。在与"元书写"有关的论述中，很多词语都附着其上，如"批判的""进步的""计算的""叙事的"。所有的这些描述最终会导出一个公分母来。在这种情况下，它可以被称为"历史意识"（historischen Bewußtsein）。

事实上，事情比从表面上看起来更为激进。这并不意味着多样化的符号内部特别是文本内部，也能够表现出所谓的某种具有历史意识的东西。只有以行的形态将记号排列，才能使历史意识成为可能。通过以行的形态书写文本，人们才能逻辑性地思考、计算、批判，才能追求知识（科学）与哲学，也才有可能发展出与历史意识相适应的行为。在此前（前历史时代），人类徘徊于循环的状态（传统图像意识）之中。同时，人们越是试图更持久地进行线性书写，就越是需要以历史意识进行思考与行动。书写的姿态使历史意识得以出现，且这一历史意识由于越来越多的书写而变得日益深化、强化。这种进程又会产生一个结果，即书写本身变得更为有力和细致。存在于书写者与历史意识之间的这种反馈引发人们产生（对意识的）某种日趋明显的紧张感，这种紧张感反过来又促使意识进一步前进——这就是历史的张力（Dynamik der Geschichte）。

因此，一种错误的认知以为，由于人们常常相信有什么（事情）会发生（geschehen），所以历史才会一直存在。还有一种错误的认知假设书写仅仅是对已发生之事的记录，并将历史时间视为人们用书写记录事件的那段时间。产生上述错误认知的原因是，在书写被发明以前，没有什么事情是以历史的形式发生的，所有事情仅是作为事件而爆发（ereignet）。为了让某个事情发生，人们就必须依据某个意识所产生的事件（过程）来认知和分析它。在历史之前（这一术语是正确的），什么都不会产生，因为能够认知已发生事件的那种意识尚不存在。所有的事情在当时都被认知为永恒轮回，只有在书写被发明以后，即历史意识出现以后，正在发生的事情（Geschehnis）才成为可能。如果我们试图谈论历史以前的事情，这就会成为我们在事后书写历史时出现的时间错觉。如果我们讨论自然史（Naturgeschichte），这暂且可称为正确的，因为那时我们（即使知道是错觉，仍有意识地）使用的是历史主义（Historizismus）。历史是书写姿态的一个功能，也是在书写姿态中自我表现的意识的功能。

把书写的姿态、文本记号按照行加以秩序化，就形成了机械化、自动化的功能。与人类相比，机器能更快速地书写。这不是因为机器能够自动变换记号排列的规则（正字法）。书写的机器虽然依旧处于初级状态，但这只是一个过渡期。同时，在能够依据正字法书写的机器（文字处理系统[①]）中，我们能够观察到两种事实，即书写的快速性与多变

[①] 文字处理系统，即文字处理机（word processor），是开发于20世纪60年代的书写机器。它的外形与打字机相似，但在输入时有一块可编辑的小型屏幕。——译者注

性。显而易见的是，人工智能在未来将实现智能上的进一步发展——它将具有能超越人类历史意识的历史意识。与人类相比，人工智能可以更高效、迅速地利用变化无常的手段创造历史。历史的张力通过超越想象而得到强化，更多的事情将渐次发生，并互相产生联系，变得更为丰富多彩。如果关联我们自身而展开考察，我们就能更加自信地将全部历史交托给自动化机器。这是因为，与我们相比，所有的这些机械化、自动化工具能够更好地创造历史，人类便可以更专心地做其他的事情。可是，那又如何呢？这就是本文提出的问题——"书写有未来吗？"

这一章的标题为"元书写"。首先，它是本书的开头（意味着"标题"）；其次，我在这里试图强调超越书写的以书写为记录（意味着"元书写"）的意图。从对应的角度来看，本书的结尾（最后一章）名为"签名"①。这种对称（呼应）符合本书的写作意图。就像我在这里指出的，文本符号已经被很多具有丰富效果的符号超越，而且历史意识也已经被一些新的、尚难以想象的事物超越了。不过，我此处将所谓的"元书写"作为章节标题并非出于这种原因，而是因为它意味着有这样一类人存在——他们是事先认可书写中隐藏的所有内容，承诺遵守其中的规则，并签署了如果文本被超越便会丢失所有内容之契约的人。他们是有权书写与书写相关的事情的人。同时，也只有这样的人不仅有书写"书写"的权力，还有书写"不书写"（Nichtmehrschreiben）的权力。

---

① 德语"Unterschrift"与"Überschrift"对应。从词典的意义上看，"Über"（上）和"Unter"（下）是一组对应的词语。"Überschrift"在德语中有"标题""元书写"的含义；"Unterschrift"具有"信件""作者的签名"和"同意"等含义。——译者注

2. 铭刻文字：前历史意识转换为历史意识的瞬间

在询问书写是否能被扬弃之前，首先应该问一问人是如何开始书写的。在这种情况下，借助词源学（Etymologie）对之加以分析应该能有所帮助。"schreiben"（书写）一词源于拉丁语"scribere"，意为"刮擦"。对应的希腊语"graphein"（书写），其含义是"挖掘"[1]。由此可知，从书写的词源学上看，它是使用某物刮擦某一对象或挖掘某一对象。这些动作需要借助如楔形、带尖的工具（如铁笔[2]）。当然，人们如今不再使用这种方式进行书写了，而是将颜料涂抹在某物的表面上（auf）。如今，我们在表面上（Aufschrift）书写，而不再铭刻文字（Inschrift）[3]，所以通常也就不会再使用铁笔了。

如果我们召唤出考古学，而不是使用词源学作为见证，我们就需要怀疑一种逻辑，即铭刻于表面（之内）的文字要早于书写于表面（之上）的文字。也就是说，我们应对铭刻文字要早于表面文字的说法存疑。

---

[1] 这里的拉丁语，不论是"scribere"还是"graphein"，对于书写姿态来说，都指向"铭刻书写"，即用楔形工具刻写。——译者注
[2] 用于雕刻、作画、刻写等的铁笔，描画针，古代刻写蜡版所用的尖笔也属此类。——译者注
[3] 如今我们的书写是"on-scriptions"，而非"in-scriptions"。——译者注

比如,埃及人可能是首先使用颜料的人。事实上,我们还有一个神话(西方基础神话之一),它证明了雕刻(铭刻)较之绘画(涂抹颜料)在词源学上的优先性。

根据这一神话,神以黏土(adamah,希伯来语①)创造出与自己相似的形象,并将自己的呼吸注入其内,进而创造出人类(adam,希伯来语)。就像每个神话都具有重大的意义,这则神话也是意义重大的,并且它的内涵可以被阐释。例如,黏土是物质(伟大的母亲),神(伟大的父亲)注入他的呼吸(精神),然后人类便诞生于物质与精神的交合。如果不否认神话的这种意义,那么从这则神话中我们就能够识别书写的根源。神话中的黏土来自美索不达米亚地区。在神话中,这种黏土被塑造成一块泥板,神拿着一支楔形的笔在其内部雕刻。如此,最早的(人类)铭刻文字就出现了。当然,这两种阐释与其他的阐释组合在一起,有时会被归结为一种没有依据(有时是无意识)的阐释。然而,这并非我的关注重点。在此处,神话作为一种书写的姿态(雕刻)被描述。那么,神在将自己的呼吸注入黏土之时到底做了什么呢?

首先,他将对象(黏土)放在手中(抓住它并分析),然后将它重塑(umgeformt)为六边形(加工),最后在黏土内部雕刻(in-formiert②,赋予信息),以赋予其一种形态。当然,我们知道事情并没有终结。换句话说,神在泥板内部进行了形态塑造方面的工作(或说输入了信息),然后烧制泥板,使其更为坚硬。当然,我们在这里讲述的神话,其内

---

① 本书中的希伯来语、阿拉伯语等非拉丁语系语言均采用拉丁字母转写形式。——译者注
② 按照字面意思理解,"in-formiert"就是在内部形态化。此处,内部的形态化即通过雕刻(书写)赋予对象物内部一种形态,即"赋形",并引申为一种赋予信息的行为,即"信息化"(informieren)。"umgeformt"的含义则为"重塑"。综合来看,上述词语都源于"formen"(形成或塑造)。——译者注

2. 铭刻文字：前历史意识转换为历史意识的瞬间

容与人从乐园中被驱逐有关，它本身并没有如此详细地叙述神做工的过程。

接下来，我将把上文提到的分析和加工从接下来的思考中排除，因为我们思考的重点是书写的姿态。此处，有趣的部分是神通过改变泥板内部的形态赋予其信息（informieren），即使其信息化（informieren），并用火烧制它。

这种内部的形态化是指向对象的一种否定的姿态。这种指向对象展示出的姿态也反映了某些主体的姿态，即主体在对象内部的雕刻。这是将"精神"的形式（Löcher①）雕刻进能令主体自我满足的事物内部，即为了使这些事物不再受限于主体。这（不再受限于主体）是对象的姿态。对象的姿态呈现出对主体的反抗，即它呈现出试图解放自身的一种欲望。雕刻（书写）是赋予某物以某种信息的姿态，其意图是让主体尝试着远离限制自己的牢笼，即在禁锢人类的客观世界的墙壁（石面）上留下形式。

虽然上述这种"内部的形态化"从根本上意味着"在某物内部注入形态"，但如今它又具备了一系列不同的意义（即信息化）。据此，信息化成为使人们彼此相互倾听的流行语。所有的这些意义当然都具有一个共同点，即盖然性②（wahrscheinlichere）越稀薄，信息价值就越丰富。

关于"信息"③与"熵"，它们之间的关系是镜像的。换句话说，信息

---

① "Löcher"原意为孔、洞，这里将其译为"形式"，是赋予对象物形态。比如，对于一块完整的石头而言，只有在它上面雕刻出深浅不一的（孔、洞）"形态"，才能实现对它的赋形。精神的形式则指精神作为某种形态被赋予对象。——译者注
② 盖然性介于偶然性和必然性之间，是一种有可能但又不必然的属性，当偶然性指向必然之时就获得了盖然性。盖然性指向信息的消亡，则盖然性越小（越趋向非盖然性），信息就越丰富。——译者注
③ 对于弗卢塞尔而言，信息意味着其构成要素的某些非盖然性组合。——译者注

与其他所有对象（对象性的世界一般①）具有相反的倾向（熵增法则）。其他对象的倾向是逐渐朝着盖然性状况发展，最终结果是向着一个没有形态的极端盖然性状况衰落。所有对象性之物都内在地具有熵增倾向，几经反复、反转或偶然间便会形成非盖然性的结果（在自然内部，信息就像螺旋星云或人的大脑一样，经历多次反复才能生成）。比如，有关信息化的姿态，就可以说成某个试图通过否定熵增的客观性倾向的主体意图在信息化内部的表现。我们生成信息（发展信息化，制造非盖然的情况），目的是使"精神"能与以荒谬的方式走向热寂（因低温而导致宇宙灭亡的假说）的物质抗衡。这种"精神"在雕刻的书写过程中侵入对象内部，实现对象的"精神化"，也就是使其具有非盖然性。

然而，对象却是工于心计的（tückisch，具有潜在危险的）。对象最终指向熵增，它的倾向是使注入其内部的所有信息与时间混合。"精神"在对象内部雕刻的所有东西都将与时间一起被遗忘。与试图赋予信息的主体意志相比，荒谬的客观世界具有更为强大的力量。即使所有的信息都将消失殆尽，"精神"也不过是希望时间能够持续。

铭刻文字的人只是希望自己雕刻的对象不要那么快地消亡（哪怕雕刻者是神，也是如此）。通过作用于对象的分析与加工，人们可以确认，对象具有的走向消亡的倾向是一种对主体想要赋予对象信息之"精神"的抵抗。也就是说，那些对象的记忆越好，主体就越难在其内部雕刻（如青铜器或大理石）。相反，对象越容易雕刻（如黏土），对象内部的信息也就越容易消亡。所以，如果历经悠久岁月，文字还可以被人阅

---

① "世界一般""理论一般""哲学一般""意识形态一般"等都与马克思提出的"生产一般"类似。"生产一般"是马克思对一切社会生产形态所具有的共同规定进行的一种合理抽象。——译者注

读,那么这种书写就一定是历尽艰辛的。相反,如果书写毫不费力,那么用不了多久,文字就变得模糊了。这并非一种愉快的选择,但雕刻这种书写方式就是被建构于这种选择之前(在电磁式的信息传达方式被发明之前,所有的信息赋予都面临这种选择)。

不过,存在一种从这个两难境地中逃脱的突破口,即一个人可以在用黏土制成的泥板上书写,再用火烧制它。首先,选择一个不那么坚实的对象,然后对它进行塑形(赋予信息),再使其变得坚硬,以确保它不会被快速遗忘。这种方法既能消除客观的抵抗,实现信息的赋予,又能长久地克服使用对象时会出现的难题。以强化记忆为目标而发明的对泥板的烧制,是"精神"指导下形成的高度成就。纵观西方的整体历史,我们能够发现这种主题的连续变异——从笔写的书稿、图书印刷到自动记忆装置与人工智能。其中,重要的问题在于:主题的变异,即生产信息、传达信息并试图将其永久储存的主题;主体的自由精神;主体对永恒不朽的渴望;对象"具有恶意"的惯性;反抗对象的热寂倾向;等等。如果如此考察雕刻形式的书写(铭刻文字),那么可以说这种书写就是一种自由意志的表现。

人类诞生(创造)及其发展被视为铭刻的模型,但它涉及不同的方面。这使人们可以借助雕刻(以及书写一般)洞察书写的本质。神利用黏土制造了与自身相似的形象,并为他们注入了自己的呼吸。神铭刻的并不是没有形状的黏土,他铭刻的是(黏土塑造的)形象。神铭刻的并不是给定之物(Datum,所谓黏土本身),而是指向某种被创造之物(Faktum,所谓神的形象)。换句话说,书写的姿势并非直接指向对象,而是间接地借助媒介,即贯穿一个形象或以某个形象作为中介。神在黏土内部的铭刻足以损坏一种形象。因此,铭刻这种书写(书写一般)方式是具有形象(偶像)破坏主义特征的。

在这里，我将再次借助词源学展开论证。英语的"书写"[to write，它实际上意味着"scratch"（刮擦），正如拉丁语"scribere"]提醒我们，凿刻（ritzen）与刮擦、撕裂（reißen）具有相同的词源。凿刻的铁笔是一颗犬齿（Reißzahn），进行铭刻文字书写的人则如同猛兽（ein reißender Tiger）一般。换句话说，这种进行铭刻书写的人破坏了对象的形象。铭刻文字成了被撕扯为碎片的形象的尸身，是书写所用的犬齿的牺牲品。因此，铭刻文字最早的接收者（使用者）对此感到惊讶。古代的犹太人就曾在雕刻有文字的两块石板①前，胆战心惊地屈膝下跪。同时，那里还有关于尚未出现铭刻文字的黄金时代的传闻。那些传闻以如下形态被书写下来："nec verba minantia fixo aere legebantur"（坚硬的青铜上还没有刻写威胁性的话语）。

书写的犬齿对抗着我们在客观世界中制造出来的形象（Bilder，图像），即它对抗着我们建构的想象的、魔幻的、用于祭祀的领域。它破坏的是与世界相关的表象，目的是将这些被撕成碎片的表象整合成行，并把它们变成能够用于计算、说明和批判的概念，继而实现某种秩序化。与创造人类有关的神话指向所有书写的反魔术性承诺（antimagische Engagement）。这就是为什么从根本上来说，所有的文字都会令人感到惊讶——它使我们惊讶于前文字的表象，使我们从前文字意识中的世界，以及其中能代表我们的图像（形象）处，将自己分离出来。

这种逻辑揭示了书写的意图在于将我们从混沌循环着的思维方式中拉出来，并进入以行的形式整合信息的思维方式。因此，这是从前历史的循环思维方式（魔术思维）转向具有行之形态的历史思维方式的过程。实际上，书写的关键是思维的符号转换——是从二维平面到一维

---

① 指《出埃及记》中上帝给摩西的两块石板，上面刻有"十诫"。——译者注

行的符号的转译（翻译），是从乱糟糟的形象（图像）符号到明确的文字符号的转译，是从表象到概念的转译，是从场景到过程的转译，是从语境到文本的转译，等等。书写是一种观念破坏与透明化的方法。书写越进步，其犬齿也就越深地侵入我们记忆中的表象深渊，并将这些表象破坏殆尽，取而代之的是"记述""解释"和转码（符号转换）后形成的概念。书写根据行的规则进入人们（"无意识"的）记忆的深渊，并指向被表象泄露的客观世界。我们将书写的这种"前进"称为"历史"，它是持续前进的分析（把握）。

根据神话，神对与自己相似的形象（无论这一相似的形象是类似于人的玩偶或泥板都无关紧要）进行破坏，然后重新（将人类）书写。正因如此，作为神的铭刻文字，我们被从乐园中驱逐出来，到了一个新的世界。同时，为了使我们更为坚实，难免要经历一次烧制。据此，我们就能描写这个世界（以及我们自己），进而能够解释、分析和支配它。我们就是这样被创造了出来。为了达成这个目标，我们用文字记录；为了达成那个目标，我们被派遣到一个新的世界——这就是我们的命运。阿拉伯语"maqtub"既表示"命运"，也表示"铭刻文字"。那么，如果我们想用其他更有效的符号替代文字符号，什么会被抛弃呢？毫不夸张地说，现有的人类学和西方人构思的人类学（人文主义）可能都直接或间接地源于上述神话。

方才我们考察的铭刻文字（雕刻以赋予对象信息）在很久之前就已经不适应时代了。如今，我们不再费力地用火烧制黏土或竖着雕刻碑文，而是畅游在由印刷物和颜料构成的纸张洪水之中了。现在，与我们息息相关的文字并非铭刻文字，而是表面文字。那么，究竟如何区分铭刻文字与表面文字呢？人们在书写表面文字时又是如何行动的呢？这些疑问将成为我们问题意识的出发点。

3. 表面文字：历史意识的结构化

  文字记号是雕刻在对象内部，还是用颜料涂抹在对象表面，这只是单纯的技术问题。但是，技术问题蕴含的深意却绝非单纯。在技术和使用技术的人类之间，有一种复杂的反馈关系——变化意识号召不断变化的技术，变化的技术又使意识发生变化。人类不再使用石头，而是使用青铜制作工具，这既是某种意识发生变化的表现，也指向一种新意识形式的出发点。在这一点上，我们区别指称石器时代的人与青铜器时代的人，或者使用铭刻文字、表面文字的人类，也可能是正确的。
  在以上两种文字的书写方式之间，最显著的技术差异在于雕刻文字使用的是铁笔，在表面书写文字使用的是毛笔（或其后代）。具体而言，铁笔与楔状物类似，就算再晚，到古希腊时代也能够被正确使用了。历经了复杂的过程，也只有在（羽）毛笔内插入墨胆后，才慢慢开始了它的物理学与化学应用。与毛笔相比，铁笔势必是更原始的工具。然而，毛刷（Pinsels）却比凿子更方便。与毛笔相比，铁笔在结构上更简单，但在功能上更复杂——这是进步的特征。换句话说，所有事物的发展都是为了在功能上变得更简单，在结构上变得更复杂。这就暗示了另一个例子，即首先是以铁笔凿刻出的文章，然后是以毛笔在纸表面上进行

3. 表面文字：历史意识的结构化

的文字书写。

毛笔书写比凿刻更快，也更为便利。书写的迅速性（Schnelligkeit）是铭刻文字与表面文字间的根本差异。人们紧攥着毛笔或羽毛（自然毛笔），就像拥有了羽毛、长了翅膀一般，仿佛可以如飞般地书写文章。随着毛笔进一步发展，人类为了能够更快地书写而不再使用羽片的部分，转而使用没有羽毛的部分（羽根）来书写。然而，羽毛在书写中的这种方向转换（反东方主义的姿态）是值得深思的①。从羽毛笔开始，人类进而发明了书写速度越来越快的工具，如圆珠笔、打字机、文字处理器等。换句话说，人们发明了越来越高效的"羽毛"。从这一点来看，西方的书写者可被视为长有羽毛的动物（Federvieh）。

铭刻文字难书写且速度慢，所以它们是一种被审慎地制造出来的文字，它们是"纪念碑"（Monumente，拉丁语"monere"意味着"警告、观照"）。表面文字是一种被轻巧地置于表面的文字，其意图在于向读者传递某种信息，它们是"记录文书"（Dokumente，拉丁语"docere"意味着"教授"）。可见，铭刻文字具有纪念碑属性，表面文字具有文件（记录）属性。这种差异并不是明确的，因为罗马人用金属笔尖在蜡版上刻写时，关键之处在于他们对概念的操作。也就是说，他们想要将记录文本化。相反，中世纪的修道院僧人使用鹅毛笔，费尽心力去建立功绩，将神圣的文字一点点地写在羊皮纸上时，关键之处在于对神圣之物的观照，即建立神圣的纪念碑。不过，这种逻辑并非有意说明古罗马人比中世纪的僧人更善于"挥毫"（使用毛笔），也不是为了说明中世纪的僧人们比古罗马人更善于使用刻刀。

---

① 古埃及作为东方国家，其人民使用羽毛在物体表面进行象形文字的书写，而古希腊作为西方文明的发源地，其人民使用笔杆（羽根）书写字母文字。据此，弗卢塞尔在文中称"西方有一种反东方主义的姿态"。——译者注

我们的文学(如美索不达米亚的文学)并不是纪念碑式的,它们不要求深思熟虑与观照,而是文件式的、试图宣讲并给予教训的。相比于智慧的人,我们的文学更需要博学的人(Doktor),因为其目的是让人们朗读并快速地记录文字。同时,这种对速度的追求可以帮助我们看到日益强化的文学之流(人们如今正徜徉其中)的张力。

羽毛随后发展出来的形态是管状物[渠道(Kanäle)],但当前的方式大体上是将黑色的墨水书写(涂抹)到白色的表面上。紧抓着用于书写的羽毛的手,命令管状物用书写的方式将墨水转换为文字记号。因此,书写者不是画家,而是设计师。书写者(设计师)并不是将墨水涂到表面实现某种覆盖,而是利用墨水使什么内容显现出来,即他试图让墨水的颜色与表面的颜色形成某种对照。基于此,符号变得明确且鲜明(在白色的纸张上黑色能清晰地显示出来)。但是,表象并非书写者的目的,明确性与区别性(明确解读的可能性)才是他的目的。书写并非某种魔术性、复杂性思维的表现,而是一种话语性[1]、历史性思维的表现。

文章的书写者具有创作者(Zeichensteller)、制图员、设计师、符号学者等多重身份,但最本质的身份还是创作者。他创作的图案被称为"简图"(Skizzen,草图)。"草拟"(skizzieren)一词源于希腊语词干"sche",意为"试图努力去抓住什么"。表面文字可被视作一种具有图式性(schematisch)的草图,它表达的是以羽毛进行书写时和阅读时的那种毫无余暇的紧迫性。这意味着原来的所有文学批评(Literaturkritik)都以此为基础。需要指出的是,这种忙碌的属性是值

---

[1] 话语性(diskursive)与对话性(dialogisch)是弗卢塞尔传播理论中的一组关键词。话语指向信息的储存,对话则指向信息的创造。因此,对话与话语相互依赖,缺一不可。——译者注

3. 表面文字：历史意识的结构化

得我们思考的。文学批评对这一属性的揭露往往是粗糙的，因为作为一种规则，人们无法通过文字看出它们被急迫地投掷而出的事实。相反，我们在文字中的许多地方发现了中断和停顿（这似乎是为了引发思考），表明文字不可能是一气呵成的。因此，在考察表面文字时，我们有必要思考这种无法避免的漏洞。

若想长时间地书写，羽毛需要频繁更换，并反复地蘸上墨水。从技术层面来看，即使是后续发展出来的打字机，其油墨色带的替换也是十分必要的。无论如何发展，只要是使用墨水之类的书写工具，这种情况就无法避免。同时，被文字符号铺满的表面也是具有限制性的，因为如果我们先写的这一张纸被写满了，其他的新纸张就要被放入（选择）机器。表面文字被自动识字机（Teletype①）替代了，所以它才能不断地书写，并使书写在技术上成为可能。

然而，即使通过物质性、对象性的方法克服了书写的障碍，持续地书写似乎仍然是不可能的：无论文字符号是逻辑性的、符合句法规则（syntaktisch）的，还是使用表音字母的，甚至是音乐性的。因为正字法的规则是"计算"（Kalkulationen）。换句话说，它们要求符号之间的间隔，而我们要将这些间隔设定在词语、句子、段落和章节之间。表面文字的书写姿态是断奏式（staccato，分离、断音式）的，因为书写符号本身（具有差异）是颗粒型（körnerförmig）的。

表面文字的书写姿态既是忙碌的（hektisch），也是踌躇不前（stockend）的。这一事实需要追溯到书写者的意识，也就是把"历史意识"结构化。我们虽然是急迫地以图式的方式（根据结果、未来匆忙地）

---

① 即电传打字机。"Teletype"是"Teletypewriter"的缩写，是一种早期的远程通信装置。——译者注

进行书写（思考）的，但我们就像患有哮喘的病号一样，在书写（和思考）的过程中调整着呼吸。我们常常（反复地）为了调整呼吸而不得不停止书写。在表面文字的书写和表面文字书写的思考方式之间，需要一种内在的辩证法（Dialektik）。一方面，由于某种急迫的冲动而追逐；另一方面，为了能够进行冥想般的休息而必须具有这种意识——我们称其为"批判性思考"意识。为了能够批判性地探究表面文字书写的内容，我们常常强迫自己从书写之流中跃出。然而，表面文字的书写本就是一种批判性的姿态，它是一种需要被反复中断的姿态。有人会将其视为一种危机，并且它们需要一些标准，而适用于表面文字的标准同样也适用于历史。

表面文字的书写具有忙碌、犹豫和图式的特征，这就使我们能够考察以（字）行的形式整合思考（与行动）的结构。这种思考（与行动）从过去走来，指向未来，匆忙且贯穿于现在（但不会停留于现在），沿着某种时间滚动向前。从存在的角度看，这种时间无法始终如一地贯彻到底，因为被匆忙经过的"现在"正是我们"存在"的场所。换句话说，"现在"通常正是我们站立的地方，也是世界得以实现（现在化）的场所。事实上，现在不仅是过去，也是实现未来的场所。未来是现在的地平线（Horizont）。从这条地平线开始，可能性得以呈现，并指向将来（地平线）。我们从现在出发，目的是现实、现在地实现这一可能性，因为如果过去不能在现在得到扬弃，那么它便是虚无（它就偷偷溜走了）的。需要明确的是，从存在的角度看，使（不停留于过去的）现在悄然离去的思考（与行动）是错误的。

在人类费力且审慎地铭刻文字之时，以历史方式整合出来的思维的疯狂（Wahnsinn）就已经暗中酝酿了。那些美好的旧日时光缓慢而悠闲地流逝着，那个时代还不能算作赫拉克利特所说的黄金时代。然而，

3. 表面文字：历史意识的结构化

从表面文字的书写开始，"进步"得以加速。现在，"发展"正在疾走。此时，表面文字的书写和历史意识才开始了漫长的旅程。我们常常在书写表面文字的过程中停下来，原因有二：一是我们无法单纯地只为了可能性而毅然放弃现实之物；二是我们无法为了生成新事物而将已有的东西都放弃，这会导致断层的出现。当然，这也是我们无法避免在危机中坠落的深层原因。虽然"进步"总是缠绕着我们，但我们常选择从其中跳出来，以免完全失去与现实的联系，不至于变得太过"进步"和疯狂。

如今，一切都开始变得清晰了，一种持续（不会间断）的表面文字的书写诞生了。它彰显出机械装置①的本质，即持续且加速的进步。当视频文本呈现在电脑终端时，人们能够充分地感觉到这种令人无法呼吸的速度。机械装置并不具有某种存在性的制动装置，毕竟它们不需要空气（事实上也不会存在这种制动装置）。这会导致一个结果，即我们能将"进步"（历史思维与行动）委托给机械装置。与人类相比，机械装置能够更好地展开历史思维与行动。同时，人类能够使自身从整体的历史中解放出来，仅成为它的观察者，并有余力向其他事物敞开心扉。换句话说，人类具体地体验"现在"将成为可能②。

人类如果只是为了窥视或观照事物，文字并非最合适的符号，图像反而更佳。我们现在将表面书写（书写一般）委托给机械装置，并已经准备好了进行图像制作甚至沉浸于影像之中。我们现在已然跃入了

---

① 弗卢塞尔口中的机械装置指以科学理论为基础，模拟物体组织的操作工具。——译者注
② 这里体现出弗卢塞尔的技术乌托邦理念，也体现出其技术哲学思想，即技术的本质在于解放人类，使人类能够更多地体验现实，在体验中认知事物。在弗卢塞尔的另一本著作《姿态：一种现象学实践》中，他关注到东方哲学"禅宗"的观点，强调了对"当下"的观照，即注重直接的经验和当下的实践。这与现象哲学的"在世存在"观点具有同一性。——译者注

"技术图像①的宇宙",所以能够观看由机械装置书写的历史。然而,这种转移是一个极度复杂的过程,因为书写是无法立即被克服(超越)的。我这样说的理由有三个:第一,我们观照的图像源于历史(机械装置);第二,这些历史(机械装置)的目的是将历史程序化;第三,到目前为止,机械装置尚无法像人类使用文字符号那样去编码,因为它们使用不同的符号。因此,由机械装置书写(和制造)的历史是一种不同的历史,其不再是文字意义中的历史(名词"历史"的德语"Geschichte"源于动词"geschehen",具有"发生、生成"的意思)。人类从书写转移到技术图像的过程是极其复杂的,尤其因为文字书写是一种字母式的思考,在字母的缠绕下摇晃不定。

　　表面文字是文字记录式、字母式的文字,虽然其他文字记录(如阿拉伯数字)也以与它相同的文字形态呈现出来,但走向技术图像的宇宙后,字母将面临一种艰难的转移。于我们而言,在否认或打发字母之前,应首先对它进行反思。

---

① 与传统图像不同,技术图像是依靠机械装置生成的图像。——译者注

4. 字母：窥见历史意识得以超越的成因

数百年来，为了能够进行线性记录，我们一直使用字母-数字符号(alphanumerische Code)，它是一种由丰富的记号构成的混合类型(Gemengsel)，即由字母（声音记号）、数字（数量记号）和用于书写游戏规则却没有被正确定义的记号（如句号、括号和引用符号）构成的混合物。这种符号要求各个书写者以契合自身的思维方式进行思考。当书写方程式时，我们则以不同的方式（与某些语言规则或书写词语的情况不同）思考。于我们而言，在书写和阅读这种异质性符号时，出于种种原因，我们没能认识到一种思维的飞跃，它因无法避免而被强制要求。也就是说，我们恭敬地服从于看似具有弹性的行。此处，问题的关键在于与（以字母-数字符号为特征的）字母相应的思维方式。最终，我们将文本称为"文学"①，并且开始探讨有关"文学"（字母集合）的文化遗产。

---

① 本书中的"文学"均表示"文字记录"或"文字文献"，其含义是字母符号的集合。它的内涵较为宽泛，并非狭义上的文学。——译者注

附：数字

打字机（Schreibmaschine）的结构要求是按照行的规则排列符号，从而使其秩序化。这一结果展示出与字母（表）相适应的秩序，但绝非与数字相契合的秩序。这一证据表明，在字母-数字符号中，数字符号遭受到了字母符号的暴力。在人为的特殊操作（人为技巧）下，打字机能发挥作用，再现方程式与复杂的物理公式，但据此，符号仅仅以费事且暴力的方式被排列。在数字所遭受的来自字母的暴力中，重要的是字母思维方式对数字思维方式的暴力。这是基于字母-数字符号所形成的西方思维方式的重要特征。

一方面，字母是口语声音（gesprochene Laute）的记号，所以字母文本是声音陈述（akustischen Aussage）的总谱——它正在使声音视觉化。另一方面，数字是思想的象征（理念），即通过"内在之眼"所识破的形象（图像）的符号（数字"2"是象征着"一对儿"的符号）。当然，数字可以指极端抽象的形象，所以只有训练有素的眼睛才能读取心中所思的图像。因此，字母反映的是一种听觉性知觉，数字反映的则是一种视觉性的知觉；字母属于音乐的领域，数字则属于表演艺术（darstellenden Künste）的领域。如果依据神经生理学（Neurophysiologie），字母与数字需要动员大脑的不同功能，因为人们在阅读字母与数字时，大脑与小脑作为两个部分的反映是不同的。字母-数字符号看似引发了某种脑部的断节（Gehirnverrenkung），正是通过这种作用，字母在压制（unterdrücken）数字上是成功的。

词语（Wort）与图像（Bild），即"逻格斯"与"艾多斯"[①]之间的辩证法，

[①] 参见高秉江：《胡塞尔的 Eidos 与柏拉图的 idea》，《哲学研究》2004 年第 2 期。如（转下页）

并非仅从字母-数字符号内部的内在性紧张中变得可视化。例如,当观察某个科学文本的一页时,我们会在上面发现一些字母的行,这些字母被数字岛屿撞断。眼睛从行的左端向右端移动,当与那些数字岛屿相撞之时,眼睛便在周边进行循环。字母的行要求以听觉的方式将眼睛接收到的信息翻译到大脑内的某个区域,即翻译成某种线性的话语(linearen Diskurs)。眼睛本身则与此相反,它能注视数字岛屿(如那些算法,Algorithmen)所意味的东西——眼睛只是追踪连接算法的个别要素的特定线索。因此,阅读字母是一种一维的移动,阅读数字是一种二维的移动。对字母来说,重要的是话语,但对数字来说,重要的是事物的状态(Sachverhalt,事态)。据此,某个科学文本的面(页面),具有与某一图画书的面相同的结构和功能。字母的行将算法(那些图像)文字化,相反,算法(那些图像)看起来是将字母的行展开为图像(形象)。在科学文本中,那些数字岛屿具有极端的抽象性,而且它能被视为从属于话语的图像。

然而,这并非基于现在通用的艺术批评的见解。主流艺术批评家并不认可将科学算法视为艺术作品,可能是因为这些艺术批评家并没有得到充分的训练,即他们不能在算法之内准确地认知想象(Imagination,形象化、图像能力)的力量。现在的艺术批评不仅无法在视觉上明确科学方程式的可见状态(视而不见),而且从听觉上,对科学

(接上页)果说传统哲学的本质是隐藏在直观现象背后的抽象概念,那么作为胡塞尔现象学主题的"本质"(Eidos/Wesen)则是直观呈现的纯粹意识可能性。胡塞尔指出:"现象学在此应被确立为一门本质科学——一门'先天的'或也可以说是'艾多斯'(Eidos)的科学。"参见[德]胡塞尔:《纯粹现象学通论:纯粹现象学和现象学哲学的观念》(第一卷),[荷]舒曼编,李幼蒸译,商务印书馆 1992 年版,第 54 页。胡塞尔为了在概念上区分康德使用的"Idea"(本质一般)而使用了术语"Eidos",对应的德语为"Wesen",但胡塞尔并没有言明这一术语与柏拉图的关系。——译者注

字母的行而言,耳朵也是处于遥远的状态(听而不闻)。因此,我们不习惯在科学文本中发现巴赫的赋格曲①(Bachsche Fugen)——这些赋格曲会冲洗和溢出蒙德里安的绘画②(Mondriansche Gestalten)。我们不习惯在科学文本上应用美学标准,虽然从认识论的角度来看,这种对科学的批判说不定也是有益的。对此,下文将具体地展开考察。

  一个科学文本,特别是因为要求使它意味着某种"在外面的东西"③,如"原子",所以它与巴赫的赋格曲和蒙德里安的画作是不同的。我想这是具有"真理性"的。也就是说,它要与外在的实际保持一致。也许这里存在一些惊人的、美学的、认识论的问题。比如,文本的内部是什么?它与外部的实际情况一致吗?它是字母还是数字?是视觉还是听觉?描述事物的字面思维足以描述实际事物吗?还是形象化、数字化的思维能更好地描述实际事物?是否存在一些东西要被描述,而另外一些东西要被计算(数字化)呢?是否存在一些事物既无法描述也无法计算,因为科学还不足以解释它们?字母与数字是我们布下的用以捕捉实际事物的网吗?是为了让一切无法描述、无法计算的事物从中逃逸吗?更有甚者,这种喷射而出的字母和数字之网,是否形成了可以用那些无形的糊状物描述和计算的东西?最后这个问题表明,科学

---

① "赋格"为拉丁文"fuga"的音译,原词为"遁走"之意。赋格曲是复调乐曲的一种形式,建立在模仿的对位基础上,从16—17世纪的经文歌和器乐里切尔卡演变而来。作为一种独立的曲式,直到18世纪,赋格曲在约翰·塞巴斯蒂安·巴赫的音乐创作中才得到了充分的发展。同时,德语"Fugen"还有接缝、焊接的含义。——译者注

② 彼埃·科内利斯·蒙德里安(Piet Cornelies Mondrian),荷兰画家,风格派运动幕后艺术家和非具象绘画的创始者之一。他是几何抽象画派的先驱,以几何图形为绘画的基本元素,与杜斯堡等人创立了"风格派",提倡"新造型主义"。他还认为,艺术应根本地脱离自然的外在形式,以表现抽象精神为目的,追求人与统一的绝对境界,即现在我们熟知的"纯粹抽象"。参见[法]让-菲利浦·佩罗、[意]安东尼奥·拉蓬:《向大师致敬:蒙德里安》,戴巧译,华中科技大学出版社2018年版。——译者注

③ 指外在于人,与人"对立"的对象之物,意指科学文本的"客观性"。——译者注

4. 字母：窥见历史意识得以超越的成因

与艺术实际上没有什么不同。字母与数字就像雕塑中使用的雕刻刀一样，而现实就像一块大理石，科学可以从大理石中雕刻出一幅世界图景（Weltbild）。

与我最初的设想相比，对科学文本的这种美学的、认识论的批判，乍一看令人十分不舒服。如果使字母的规则（"逻辑学"）回溯到数字的规则（"数理"，Mathesis）是可能的，那么它就是可接受的。在这种情况下，我们可以说字母与数字（听觉性的知觉形式与视觉性的知觉形式）具有同样的基本结构，而且无论以何种方式来看，这种基本结构似乎与外部的实际具有一致性。然而，遗憾的是，将逻辑学完全转换为数理是不可能的。哥德尔[①]也证明了想要实现这种完全转换是不可能的。必须承认，我们的知觉器官与中央神经系统的组织结构使我们至少生活于两种"现实"，即字母的听觉现实和数字的视觉现实，并且这两种现实无法合二为一。因此，这清楚地表明，科学文本试图通过使眼睛从属于耳朵，从而弥合耳朵和眼睛在根本上的不相容性。这是一种极端的、不愉快的认识论结论。

另外，数字开始从字母之中解放出来，不再受其限制。我们将成为革命的见证人，即我们能见证眼睛比耳朵占据了更为重要的位置。到目前为止，耳朵依旧占据统治地位，并且音乐成为我们对过去所做的一切之事的最大辩解。

在现在的传播变革中，典型的工具是计算设备（电脑）。电脑正慢

[①] 库尔特·哥德尔（Kurt Gödel，1906—1978），1906 年出生于捷克的布尔诺，美籍奥地利数学家、逻辑学家和哲学家，毕业于维也纳大学，1940 年移居美国，任职于普林斯顿高等研究院（IAS），直至 1976 年退休。他是 20 世纪最伟大的逻辑学家之一，其最杰出的贡献是哥德尔不完全性定理。1999 年，美国《时代周刊》将哥德尔列为 20 世纪最具影响力的 100 位人物之一。——译者注

慢地(且无法后退地)在计算、逻辑性思考、决断、预见等方面替代人类的精神功能。在这种计算领域中,科学正在创造一种世界图景。这一世界图景不仅是在没有生机的自然(原子弹)维度中,而且在具有生机的自然(生殖)维度中,也如一个马赛克的小格子一般,是由可计算的石头雕刻组合而成的。社会也被视为一种马赛克,其构成碎片(个人)根据可计算的规则来结合或分离。我们自己的思考也被理解为可量化的构成要素的计算功能。到目前为止,被视为顺次的(过程性的)、波状的、线性之物,被分解为点结构的要素以曲线的方式来计算(Komputieren),并且这些曲线按照所希望的方向(如未来方向)被投射。当我们面对着一个问题,不管它是物理学问题、生物学问题、社会学问题还是心理学问题,它都没有什么区别时,这就意味着我们再也无法将其文字化了。也就是说,我们不再以字母的方式思考,而是以数字的方式思考,并且我们不再通过耳朵来思考,而是通过眼睛来思考。但如果我们依然使用名字而不是数字,那么可以说这意味着我们还处于一个过渡阶段(Übergangsstadium)。

当然,如果认为我们从属于所谓的数字记号就不正确了。如今出现的有关数字的世界不再是毕达哥拉斯学派言及的神圣世界,因为它们是更为原始和固执的。当数字(Zahlen)从文字数字符号转移到数字符号(digitale Codes)之时,它就与过去处于不同的情况了——数字不再是被创造性的想象力引导的复杂的算法岛屿,而是创造了能被分割(挑选)的堆子(pickbare Haufen)。更有甚者,曾经将数字秩序化的十进制系统也被放弃了,取而代之的是正处于起步阶段的二进制系统。实际上,数字世界的这种单纯化(Primitivisierung,原始化)不再是人类的智能,而是被转换为人工智能的计算了。那些人工智能变得越愚钝,其速度就越快。人工智能无法进行我们数百年间发展而来的优美的数学操作，但它也根本无须那样做，因为所有此类操作都是为了减少数字相加所需要的时间，而人工智能几乎以接近光速的速度来计算。

数字的极端单纯化对于我们理解当前的传播革命至关重要。计算，也就是数字操作，一般都可以机械化。这取决于人类本身的体面，即人类必须参与机器的处理。新人类在数字之上统治着它，而非服从于它。新人类坐在电脑前对电脑发出指令，并且新人类不再神话数字，而是戏耍数字，使数字服从于他。对于数字的这种态度并不是全新的，因为以前就存在算盘和骰子之类的模拟游戏。相对而言，令人窒息的新生之物是自动向我们展开的游戏战略。我们可以玩一种机械化的数字操作游戏，它将数字用于全新的想象力（Einbildungskraft），数字成了一种支撑物和跳板。虽然我们暂时依然处于未成熟的状态，但上述几个例子就已经能让我们体会到数字游戏中潜在的可能性了。

假设我们对电脑下达指令，使锥形曲线在电脑屏幕上以可变的颜色闪烁，然后把它们反转、旋转，使其相互分割，甚至就像弦乐器一样，通过音响的方式让它们振动。于是，我们可以通过对电脑下达命令来体验这种"圆锥"的概念。或者我们可以输入命令，将物体的表面分解成点，然后利用这些点（网格）将以前被视为"不可能"的物体呈现于电脑屏幕，从而进行游戏。我们在电脑上输入命令，其目的是让以前的不可能之事现实化（以创造性地施加影响）。又或者我们可以向电脑下达命令，使无法透视（难以理解的）因而也无法形成表象（再现）的方程式（如分形图方程式）在电脑屏幕上变得可视化。因此，我们能将完全抽象的东西提升为具体可体验之物，从而命令电脑以冒险的方式扩展我们的体验（Erlebnis）。

现在，数字摆脱了字母的压力，计算也变得机械化了，想象因而得以扩展。历经数个世纪，那些提升了明确性和区分了规律（Klarheit und Distinktion)的数字,现在可以服务于创造性的想象力了,而这种想象力在之前、在任何地方都没能实现。我们的体验、认知、价值及行动也因此得以扩展并深化至无法测定的深渊。然而,这种具有微妙、准确且明晰的创造之眼的乌托邦视角面临着一些障碍。排在首位的,可能就是我们自身的思维范畴,它妨碍我们跃入冒险。当我们注视着电脑屏幕上出现的新图像之时,就像我们只是在关注制造图像的某种新技术一样,我们开始探讨有关"电脑艺术"(Computer-Kunst)的东西。通过所谓"艺术"的范畴,我们关闭了通往这些影像的道路。电脑模拟了大脑的过程。电脑屏幕上的这些发光的图像几乎是即时、直接地——如果"即时"这个词语为某个被异化的存在(entfremdetes Wesen)赋予意义,就像人类自身一样——从人的大脑中将图像投射到外部。然而,试图将这个得到表达且准确实现的梦称为"艺术"是一种误导,除非有人补充说,到现在为止的所有艺术只不过是接近这种图像的某种犹豫不决的态度。但是"艺术"一词本身就是一个忽略(技术)图像的范畴。到目前为止,电脑生产的图像大部分是在科学的、利用各项技术的实验室中被创造出来的。这不是本雅明的光韵(Arura)所强调的被艺术家视为神圣化的生产之物。"艺术"范畴与"科学与技术"范畴的边界被这种图像消除了。科学以艺术的形式显明自身,艺术则将自己显示为科学认知的一个条件[①]。

我们还没有谈论那些关键但不充分的范畴特征。换句话说,如果如今眼睛(数字形式)开始支配耳朵(字母形式),那么不仅在理论上对听觉性知觉进行数字化操作是可能的,在实践上也是可以的。所谓的电脑音乐对此(听觉的数字化)只是一种萌芽性的事例而已。在不久的

[①] 也就是说,科学是一种艺术形式,艺术是科学知识的源泉。——译者注

4. 字母：窥见历史意识得以超越的成因

将来，数字会使声音变得可见，使图像变得可听。"电子混合"（electronic intermix）向着这个方向迈出了第一步。音乐与造型艺术的边界崩溃了，并且实际上它是在数学的支配下形成的。当然，这在很久很久之前就已经被预见了。"作曲"（Komponieren）是"计算"（Komputieren）的一种征候，而且在毕达哥拉斯那里，里尔琴①（Lyra）与三角形就一直有密切的关系。

乌托邦出现在我们怀疑的眼神及屈从于我们眼睛的耳朵之前。也就是说，从柏拉图式的天空转向人工智能的乌托邦的数字并非新生之物，反而是早已有之的事情，至少如希腊人一般久远。希腊人在极度感动的瞬间描绘了通向智慧的方法——"音乐和数学的技艺"（musike kai mathematike techne）。这种乌托邦、这种方法、这种技术现在之所以能被创造出来（即使我们不想将其称为创造），实际上是因为我们将所有的过程计算为点，并将它们电脑化（计算）为曲线，然后投射到了未来。而且，如果我们有兴趣，那么我们也可以使这些曲线产生声学振动。然而，在这种情况下，我们总要考虑到偶然，但它们将被视作一种几乎可以肯定的偶然性，对此我们要加以预防，因为曲线将不像我们所投射的那样呈现出来。我们应当由衷地仔细解读上述思考。

字母是保存时间最长的文化素②（Kultureme）之一，虽然在被发明以来的3500年间，其原有形态一再改变，但它的原始形态直到如今也

---

① 又译为里拉琴，因为其名字最早出现在线性文字B(古希腊迈锡尼人征服克诺索斯之后从米诺斯线形文字A发展出来的一种文字)中，与诗歌"lyric"类似，所以还被叫作诗琴。——译者注

② 即文化分子，与传播分子（Kommunikeme）对应。借助这个概念，弗卢塞尔说明了现象分析的差异。具体而言，弗卢塞尔认为人类传播的核心问题是将储存于一代人记忆中的信息中继到下一代人记忆中的过程。从意义的角度来看，传播的内容指向文化分子；从结构的角度来看，传播的内容则指向传播分子。——译者注

依旧可以被识别。"A"（希伯来语"aleph"）是闪族黄牛的两个角的模样，"B"（希伯来语"beth"）是闪族建筑的两个圆圆的房屋，"C"（希伯来语"gimul"）呈现的则是闪族的骆驼模样。大约是在公元前2000年左右的地中海沿岸，正如发明字母的那些人所认知的，字母是某些文化场景的图像，是黄牛、家、骆驼等的图像文字（Piktogramm）。同时，"字母"（Buchstaben）这一词语也是非常久远的，所以在德语中，在具有这样意义的词语中，我们也不称其为"山毛榉树枝"（Buchenstäbe）[该词源于闪族居住地，而非德国某些地域中常见的山毛榉树林（Buchenwald）]，而是使用所谓的具有古雅韵味的词语"Buchstaben"。

后来，我们不再将这些字母作为古代事物的图像文字，而大体是将其作为（指称事物的）闪族词语的第一个（字母）发音的记号去使用的。然而，我们为什么要在书写时将说话的声音变得可视化呢？如果我们想以文字的方式记录思想，那我们为什么不像中国人或那些新的电脑符号（图标）一样，使用表征思考的符号呢？也就是说，我们为什么不使用表意文字，而是选择经由口语的这种更加迂回的道路呢？用"二"①来替代"2"不是更简单吗？当叙利亚人发明字母时，他们将一种口语插入思想和文字之间，一定是相当重要的原因导致他们把这种不合理的符号插入其中。我们将在下文详细讨论这些原因。

此处，我并不打算追溯那些字母在从图像文字到犹如谜语般的图像中所隐藏的发展路径。这一问题是因果性的：是什么使人们以字母的顺序书写，而不是以口语的顺序书写呢？这一疑问必然会被提出。这是一个极为现实的问题，它并非一种历史性的问题。这一问题表达的是人们为了某种符号而放弃了字母，但这种符号不再是口语性的。

---

① "二"的德语是"zwei"。——译者注

4. 字母：窥见历史意识得以超越的成因

字母（表）是对表意文字书写的一种明确否定。尽管那些表意文字具有各种优点，但人们必须使用字母表中的字母。

那些表意文字的"观念"（Idee，理念）是通过内在之眼看见的图像（形象）的符号。然而，对图像的执着正是在书写中需要真正避免的。书写是对图像的说明，并且它通过说明而摆脱（超越）了图像。如此一来，具有形象性、表象性的思维屈服于某种概念性、话语性和批判性的思维。人们为了破坏图像（偶像）而进行思考，就需要以字母书写文章，并且不能使用表意文字。因此，那些口语的声音是要被记录下来的。

在言说①时，我们"超越"（Über）了表象，并面向图像言说。同时，我们正在超越图像思维，并从上到下地言说。作为某些口语乐谱的字母表允许这样的言说方式，并在固定和训练（超越图像）后得到超越性提升。我们以字母进行书写是为了超越图像的超图像性（Überbildliche），并维持在概念性的意识维度，继而加以扩展，但这绝不是与文字之前的言说一样，持续地执着于图像思维（bildhaftes Denken）方式。

正如我们所知道的，字母表已被证明几乎是空前成功的发明品。它使非字母表地区通行的话语成为可能，如希腊哲学、中世纪神学、现代科学的话语。如果没有字母表，这些话语说不定就根本不会出现，因为它们都是从表象（图像）中逐渐远离，然后被分离出来，继而逐渐地抽象化，最终变成无表征作用（表象）的概念性、批判性话语。但此处的结论是，字母表无法让人们完全放弃表意文字，因为没有数字，现代科学的话语是无法实现的。虽然表意文字是图像符号，但它们可以达到那

---

① 指"历史地"言说，即以文字方式记录口语。文字是对传统图像（前历史时期的图像）要素的再整合，目的是实现线性排序。——译者注

些受语言束缚的思维所无法企及的抽象高度,它能获得高度的抽象化。问题在于,字母表作为"纯粹的"、概念性思维的符号实际上是否为一次幸运的尝试呢?也许思想与语言的束缚阻碍了我们非凡的抽象能力,以至于这些能力只能在数学和符号逻辑领域得到发展。也许彻底改变字母符号就可以将抽象能力提升到一个新的发展领域,如合成图像;说不定如果没有字母符号,我们也可能逐渐走向图像(偶像)破坏主义(尽管那时我们的文化会非常不同)。当涉及搁置字母符号时,这样的考虑才是必要的。

有人声称字母符号是为了书写的概念(而非思想)才被发明的,这并不能说明一切。如何解释语言的曲折迂回呢?口语本身的一些要素需要被记录(固定)下来,至于通过何种方式来记录,与其说是听者与述者的记忆(并非固着于唱片或磁带中),毋宁说它们是以文字书写的方式被记录下来的。口语似乎正急速地走向书面,成为书面语言,从而达到自身完全成熟的状态。字母被发明以后,口语是为书面语言做准备的,并且对人们来说,字母表的发明首先是为了教会人们如何正确地言说。

如今,我们完全没有前文字时代有关言说的体验了。即使在孩子的世界和文盲的世界,语言也都是以文字为媒介得以渗透的。当然,我们能以"神话"的方式重构字母表发明以前人们是如何进行口语发音的,也就是"神话地"(mythisch)说。例如,可以"通过紧闭的嘴(Mund)"重构这一行为所含有的意义,因为词语"嘴"的词根来源是拉丁语中的"沉默"(mutus)。

从如今的观点来看,当时的那些人都是喃喃自语且结结巴巴的。他们(假设我们将"话语"这个词语理解为从某些人的嘴巴流向其他某些人的耳朵中的声音)虽然已经在生成话语,却并不带有意图。这些话语难以被视作正确的话语,它们遭逢抵抗(反驳)就会转身返回,并原地旋转(反复),最终归于沉默。自浪漫主义诞生以来,我们从这种神话性的自言自语中追溯智慧,最终发现并熟知我们自身以自我独白的方式进行言说。从其他的视角来看,当时的人确实可被称为喃喃自语。

在字母符号的辅助下,神话性的自言自语(不是绕圈)可以清楚地排列在一行中,并指向某个问题或问号,乃至某个句号(结尾)。人们通过借助排列成行的字母符号能准确地提问、下达命令,并在掌握准确的描述和解释能力之后发展出校正的能力。字母符号用某种逻辑语言取代了神话,同时它旨在用逻辑思维取代神话思维。字母符号首先被发明出来,目的就是让人们以字母的方式"思考"。

接触字母符号的儿童和文盲首先要学习正字法(拼写方法),而不是先学习阅读。他们从符号开始学习符号化之物,目的是能跃入口语的世界。换句话说,他们首先学习的是正确的言说方法。同时,如果他们习得这一方法(他们在符号的帮助下向口语渗透),口语对他们来说就成为一个现象。他们可以不再以戏谑的方式(他们把说话留给喋喋不休的人)言说,取而代之的是用书面语言说,如用德语、牛津英语、百科全书派的法语及但丁说的意大利语言说。也就是说,他们能够正确地言说。

字母符号并非通过用力向下按压(以铭刻文字的方式)口语的方式进行文字化,而是通过"提高"(以表面文字的方式)口语的方式实现文字化。这不仅提升了语言的品质,还根据字母符号自身的规则实现了对语言的秩序化,甚至掌握了语言。通过这种方式,字母符号成为语言代表(意味着)之物,即字母符号调解并秩序化了思维。因此,对于具有书写能力的人来说,口语就不仅是一种(表现自身的)表达"媒介"了(这对文盲及儿童来说也同样适用)。语言对他们而言反而是物质的,即更像表达字母的材料，它们激发了字母符号，并让书写者以字母的方式（从字面上）表达。简而言之，书写者是在加工（编辑）语言。只有语言不仅作为一种手段（媒介），还成为一种目的之时，它才从字母符号的书写中呈现出自己的本质。

　　书写者要求口语遵从文字书写规则，语言则进行了反抗。所有的语言以与其本身属性相对应的方式进行了反抗，如德语是比较暧昧（含糊不清）的，英语是比较粗鲁的，法语是比较矫饰（虚伪）的，葡萄牙语是比较狡猾的。书写者的语言劳动虽然受到限制，但它也试图挣脱这一束缚。这种书写劳动是对语言的暴力，当书写者抓住它的时候，它扭曲、溜走，变得破碎，并诱惑他。从字面上看，"书写"就像争吵着的两个相爱的人。在这种恋爱争吵中，语言能力（odi et amo，既爱又恨的复杂情感状态）就被表现了出来。但是，文化批评特别是浪漫主义的文化批评，使书写者在引人入胜的兴奋之中走上了歧路，而且实际上被书写者歪曲了的某些东西也呈现了出来——假如应该使用冷淡的语言表现某物，书写者将字母（这种死去的文字）按压到语言的活体上，字母得以从中吮吸生机。进而言之，这种所谓的"文字吸血鬼"是从自己的手指之下开始了一种冒险的独立生活。书写者也是由这种方式获得了对生命的陶醉进而被感动，这绝非令人惊讶的事情。文学批评是涉及书写者的语言创作性的工作。

　　从信息理论向我们提供的距离来看，书写过程得到了不同的描述。如果字母表强迫语言进入字母的"正字法规则"链条，语言就被歪曲了，并且语言对自身采取了非盖然性的形式。所谓的"非盖然性"与"信息的"是同义词。因此，假如说字母书写是从语言中开始获取新信息，那么它就有 3 500 年的历史了。字母表自被发明以来总是精炼并整合语言，以便从所有可用的语言中汲取新信息。据此，这些语言就成了非常微妙且宝贵的工具。所以,到目前为止,无论哪种书写者都无法接触处女般的语言了。在语言与书写者的恋爱争吵中,书写者以自己的方式首先对其他书写者的信息重新加工,然后创造出新的信息。同时,这些新的信息又被传授给此后出现的书写者,后来的书写者又基于新获得的信息以自己的方式创造新的信息。书写的模范是一种千年间持续的话语,话语持续地进行,不断创造新的信息,并且每个书写者(作家)都以对话的方式参与其中。字母表的发明虽然并非有意为之,但沿此方向却诱导出了类似的话语①。

为了尝试追溯字母表发明背后所潜伏的动机,在此,我们获得了两个不同的答案。其一,字母表发明者的意图说不定就是破坏图像(偶像),即在书写中被符号化的并不是图像(包含表意文字),而是声音。据此,意识能将自己从与图像结合的魔术思维中解放出来。其二,字母表发明者的意图指向所谓的某种线性话语装置。也就是说,为了引导某种一贯的话语来代替神话性、循环性的喃喃自语,在书写中,那些声音就必须被符号化。然而,如果对这两种答案进行更为细致的考察,我们就能确认,它们实际上表达了相似的事实。

字母表发明者将形象的制造者与神话论者视为自己的敌人,并且他们认为这两种人之间不存在任何差异。这种认知是正确的。不仅是图像制作与图像崇拜(魔术),阴暗且循环的喃喃自语(神话)也应被视为硬币的正反面。字母表发明背后潜在的动机是超越魔术性-神话性(前历史性)的意识,进而为一个新的(历史性的)意识腾出空间。作为历史意识的符号,字母符号被发明了出来。如果我们放弃了字母符号,

---

① 此处可以看到柏拉图文学文本理论的影子,德里达式的逻辑也被展开,即所有的文本都是以其他的文本为前提,而其自身又被其他文本吸收。因此,由文字形成的"古腾堡的银河"就可以视为世界的"文本化"。——译者注

也许是因为我们试图超越自身的历史意识。我们对历史的进步产生了厌倦感,除此之外,历史思维还证明了其自身是疯狂且凶残的。这就是我们准备放弃这种符号的真正理由(而非因为字母表在技术上的缺陷)。

5. 文本：一种公之于众的政治姿态

在与口语的斗争中，字母将语言的生命吸收到自己的内部（字母在本质上是死的，发明它的目的是将神话以咒术的方式所唤起的魔法带到行之内）。也就是说，字母是吸血鬼。这些由栩栩如生的字母形成的行被称为"文本"（Text）。从语言上看，"文本"一词的意思是织物，所谓的"直线"①（Linie）的意思是"编织的线"（Leinenfaden）。然而，文本是未完成的织物，因为它们只由水平的直线（纬线）构成，而不是像成品面料一样被编织成垂直的纱线（经线）。文学（文本的宇宙）是一个半成品，它需要完善。同时，文学指向收信者。对收信者来说，文学要求他来完善它。书写编织出希望被读者阅读（拾取并编织）的线，并要求读者来完善编织。只有这样，文本才有了意义。一个文本的意义与它拥有的读者数量成正比。也就是说，文本有多少读者，它就有多少意义。

著名的命题"书有书的命运"（habent sua fata libelli）只是不准确地表达了这里的意思。此处所指并不是书写者依据文本固有的张力将它转让给那些玩弄文本的力量，而是指文本通过传播以求完善。所以，文

---

① 指文本的"行"。——译者注

本没有任何命运，它本身就是命运。换句话说，文本是充满意义的，并且每个读者都以自己的方式来利用（解释）这种丰富性。一个文本的解读方法越多，它就越充满意义。亚里士多德的文本就充满意义，因为亚历山大时代的读者与托马斯·阿奎那、黑格尔、伽利略或20世纪的历史学者即使阅读同样的文本，其读出的意义也不尽相同。与命运本身"同一"的文本（文本即消息）正是在接收者那里才得以完善（完成）。没有被读者接收并阅读的文本只是没有意义的字母的"行"而已。只有文本被阅读之后，它才能具有意义。

文本即媒介，它不仅是所谓收信者的支柱，也是在所谓发信者的根本之上建起的桥梁。奇怪的是，这并不总是在书写中被体现出来。文本依据自身的结构而指向他者，但在书写中也会有部分人忘却文本本身是没有任何意义的事实。在书写中忘却他者是忘却自己的结果。书写者以自己的文章为武装，进而保护自己，并与抵抗的语言相抗争。书写者试图掌握语言，并且通过对语言的贯通，书写者试图掌握语言所意味之物。换言之，书写者也试图掌握其自身的思考、感受、表现及愿望。这种斗争将使书写者的气力消磨殆尽，并使他们忘却自身与他者。书写是一种令人陶醉的冒险。那些以忘我的方式写就的文本是我们拥有的最有意义的文本之一。这是藏匿于我们书写内部的众多矛盾之一，它瞄准了我们。

我们不妨来区分两种文本类型：第一种类型是"传播的"（kommunikativ），具有意义传达及中介属性；第二种类型为"表现主义的"（expressio-nistisch），是在某种压力下写就的。第一种类型如科学传播等，第二种类型如抒情诗等。这些极端的例子诱使我们将整体的文学（受众）分成两类：一种是有意识（意图）地进行接收的群体，另一种是无法意识到前者意图的群体。然而，这种对文学的批评却可以用下面

5. 文本：一种公之于众的政治姿态

的思想反驳。大部分的传播文本希望能被轻松地接收（收信）并被容易地阅读。因此，这些传播文本都应该是"指示性的"①（denotativ）。也就是说，它们应该传达一个明确的消息（信息）。这样导致的结果就是，那些相同的文本将被它们的阅读者作出相同的解读。科学文本（特别是那些大量使用数字符号的文本）虽然对那些外行的读者来说可能看起来是"困难的"，但目标读者能轻松地接收（收信）。这种"困难"并不是在文本中被发现的，而是在人们以前习得的符号列表中被发现的。尽管如此，"模糊"的文本也是存在的。这在"精神学科"的文本中尤为如此。此处提出的文学批评能够呈现的是，这种由形式主义的思想构成的文本并不一定是科学，它只是表明（伪装）自己是科学的。

相比之下，表现主义文本对自己文本的读者并不尊重。这些文本可能难以解读。表现主义文本可以是"隐性的"②（konnotativ）和"模糊的"。也就是说，这种文本传达的是一种多义的消息。其结果是，表现主义文本由读者按照自己的方式（以不同的方式）进行多样化的解读。那么，可以说表现主义文本就一定比传播文本传达了更多的意义（文本意义更为丰富）吗？此处提到的文学批判得出了以下具有矛盾性的结论（只能得出这样的结论）：那些没有意识到自己传播意图的文本反而能传达更多更有意义的消息。

因此，上文提出的文学分类就没有持续的必要了。被有意识地接收的传播性文本也有可能意外地成为暗示性（隐性、有内涵）的。《圣经》就是一个例子，它是西方的基本文本。《圣经》是一种文本，它希望所有可能存在的读者都能够接受它，它还希望每位读者都按照自己的

---

① 又译为"外延的"。——译者注
② 又译为"内涵的"。——译者注

方式来解读，它以他们自己选择的方式告诉每个人，它就是命运，并且它想成为每个人的命运。同时，《圣经》是表达性的，是在某种压力下写就的。从这一意义来看，《圣经》是所有文本之上的一种模型（典范），因为它是在自我忘却（忘我）以及在（对）他人的意识中被写就的。这种对他人的意识如此之深，以至于《圣经》的希伯来语"元文本"①一次又一次地被别人翻译。因此，七十个人翻译的希腊语《圣经·旧约》(*Septuaginta*)、公认的拉丁语翻译《圣经》(*Vulgata*)、钦定本英译《圣经》(*King James*)、路德翻译的德语《圣经》(*Lutherbibel*)，它们的命运总体来说是经过全面分析的原文本所展开的命运。《圣经》文本的历史表明，西方命运的展开可以作为精神史结构的模型。确切地说，《圣经》挑战了传播理论的命题——"沟通得越好，获得的信息就越少；获得的信息越多，沟通起来就越困难。"②

  文本是一种半成品。虽然文本的行匆忙地指向终结点，但如果越过这一点，文本便能与读者相遇，那么文本就寄希望于读者将它完善。无论书写者能否意识到这一点，无论他是否像卡夫卡那样明确地拒绝读者完善他的文本，这都无甚相关，因为文本会被人们所不知道的某个他者探索。显然，我们能根据多样化的标准对文本的宇宙明确地分类，但即便如此，所有文本的共同点是张开双臂，带有希翼或绝望地等待被他人攻击。这是书写的姿态所展示的心灵状态（Stimmung③）。

  当我书写之时，我是为了谁？这是一个在文字书写支配下的社会

---

① 这里的"元文本"指"原文本"。——译者注
② 这与"对话源于矛盾性而非一致性"的观点相似。——译者注
③ 可译为"感应""心灵状态"，它与"情动"(Gestimmtheit)一样，都是从动词"stimmen"(调解/使一致)中衍生出来的。它具有广泛的含义，如氛围、情绪、感情、感情状态、调解等。——译者注

的政治问题。也就是说，在由文字支配的社会中，书写（和出版）从根本上来看是一种政治姿态，其他所有的政治性承诺都服从于文本且跟随文本的命令。如果上述问题（不是在"真空"中）是在文本宇宙的特定语境中提出，显而易见的是，我不是为了所有人而书写，我是为了能接触它的收信者而书写。"我是为了所有人而书写"的这种想法不仅是夸张的妄想，而且是一种错误的政治意识的征候。书写者所能接触的仅仅是通过传递文本的渠道与他取得联系的接收者。因此，书写者并非直接对他的收信者进行书写，而是对自己的仲裁者（Vermittler）进行书写。书写者首先面向自己的仲裁者而存在。此处所谓的"首先"，必须从字面上理解为"在第一行"（in erster Linie），即从文本的第一行到最后一行，文本是为了它的仲裁者而书写的，全文受到它首先为某个中介而写的这一事实的影响。因此，无论哪种文学批评都不能忽视这样的事实。仲裁者并非存在于外部，而是存在于所有文本的内部。这一仲裁者在图书印刷发明以来大体都是出版人（出版商）。

出版人沉浸在文本的脉络（流动）之中，就像一个过滤文本的网格（Raster），他的任务是印刷大部分文本，然后出版。我们现在畅游在由印刷文本形成的巨大的洪水中，它只是一些小块文本所构成的冰山一角而已。事实上，在冰山之下，在通过网格之时，存在众多失败的文本，它们并没有显露出来，而是被潜藏起来。

一个文本就是一种表达（Ausdruck），其表达的意识性的或无意识性的意图就是给人一种触动（Eindruck，印象）。那些没能印刷（ungedruckt）而被搁置的文本，对出版人来说是产生了某种坏印象的表达。这种文本在通过出版人的标准（网格上出现的窟窿）而试图存活下来时并不成功。所以，"给人留下了某种坏印象"（Einen schlechten Eindruck machen）意味着文本与接收这一印象的人的标准不相符。由此,我们就能(依据网格的结构方式)对检验标准提出问题了。

虽然我们总是能观察到自动审查装置(如大众媒介的编辑过程),但出版人到目前为止还都不是自动化机器人。当前,出版人还是如此灵活,以至于他们能使自己的标准尽量与那些吸引他们的文本的标准相契合。出版人与文本之间依旧还存在对话,这种对话可能也会改变出版人的标准(出版人的灵活程度也可以被视为某些社会中存在的自由的尺度)。这种文本与出版人之间的对话虽然能使出版人改变标准,但它也能使文本发生变化。这就是对话的本质。也就是说,参与对话的人成为他者的他者,并且他们通过改变他者也使自身发生了改变。印刷的文本不仅能使出版人发生变化(魅惑、感动),它也会成为被出版人改变(掌握、影响)的文本。印刷的文本是书写者与出版者之间所共享的某种"握手"的结果,它承载的是握手双方的"手印"。书写者的手在文本之内是被出版人的手掌握(分析)的。这种"握手"是最令人感动的姿态之一,因为它最具公开性,也最具亲密性。出版人为了书写者而存在,并且书写者也为了出版人而存在。不过,这两者都为了读者而存在。

因此,印刷的文本与未印刷的文本相反,它接受的是双重压力,即承担的是书写者的表达压力(Ausdruck)与出版人的反对压力(Gegendruck)。这就像一个紧握的拳头,文本根据上述双方的意图在被压缩(浓缩)后才渗透到其读者那里。这就好像我们没有深思熟虑过地(没有意识到这种概念所扮演的角色)为读者"提供信息"。此处,"提供信息"指的是将形式注入(drücken)抵抗压力的东西中。在印刷文本中,书写者和出版者协商后将信息赋予读者,即给读者留下深刻的印象。在这个过程中,首先是书写者的表达压力,进而是出版人的反对压力,然后是印刷机的压力(Druck,印刷),最后是对读者的触动(即印象压力)发挥作用——这正是文本具有的古腾堡的动力学。

5. 文本：一种公之于众的政治姿态

当然，我们在看到裹挟我们的文本膨胀时也许会怀疑这种动力是毫无意义的。这种无意义说不定就是放弃文字书写的原因之一。每天送到我们家中的堆积如山的印刷品，书店里令人迷失的书页丛林，这些可能不是书写者与出版人共同密谋，从而为我们提供信息的紧握的拳头，但可能是出版人制作的麻醉剂（在这种情况下，出版人将物色同意这种目的的书写者），试图以此使读者变得麻木（anästhesieren）。印刷出来的东西大多是为了麻醉人们，出版人和书写者只是这种麻醉产业的雇佣者。但是，这种雇佣者在不久的将来就可能被自动的机械装置替代。也就是说，出版人被程序化的网络印刷装置取代，书写者则被文字程序取代。最终，文字（表）被视为没有任何功能的符号而被抛弃，只有被程序化的、能发出声音的图像能够为社会提供信息，并进一步使社会麻醉。换而言之，考虑到文本的膨胀与信息革命，字母-数字文本的书写、出版、印刷及阅读还具有意义吗？

这个问题涉及握紧拳头的行为，可能会穿透麻醉用的棉球。此处重要的是美学（感性的）问题。美学的词源"Aisthetstai"①的意思是"知觉、感觉"，那么问题在于，在现在或将来，信息性的文本到底是否依旧能被感知，或者说书写者与出版人是否可以合谋对抗日益强大的"自动麻醉行业"。这种反对麻醉和提供信息的共谋，这种文本集中以便它们（文本）能从古腾堡时代跃入电磁时代，是我们从奥卡姆剃刀那里开始识别的一种策略。只有将自己交托于这种奥卡姆剃刀的文本，才能贯穿（穿透）让人变得麻木的麻醉剂。文本越集中（geballter），它也越容易被感知。

奥卡姆剃刀言及的是"如无必要，勿增实体"（entia non sunt

---

① "美学"与"麻醉"（anästhesieren）的词源相同。——译者注

multiplicanda praeter necessitatem)。正如我们如今所说的,这种剃刀是一种工具,一种剪除不必要之物(Redundantes)的工具。出版人对抗书写者的表达压力,他反对压力的做法就如奥卡姆剃刀的震动一般。非印刷的文本与印刷的文本之间的差异是显而易见的。前者是在断头台上处于绞刑的情境,后者则在抗争之中存活了下来。

尽管文本之下充满了屠杀,但我们依然被无数的文本重重包围。事实证明,出版人的断头台已然毫无用处。与此相反,奥卡姆之刃使我们能建立比断头台更好的标准,即出版人标准(网格中的孔洞)对应着从古腾堡环境到电磁环境的过渡标准。简而言之,文本越短、越集中越好。这是一个"信息学"标准,它指出文本的信息量越少,冗余就越多,它越短就越真实,因为一切不必要的都是不真实的。爱因斯坦的方程比牛顿的方程更真实,因为前者省略了质量(克),只用了厘米和秒作为单位。文本越短越好,因为任何不必要的东西都是不好的。简短的规定(如法律、使用说明)比冗长的规定更好,因为它们提供了更容易遵循的行为模型。文本越短越好,因为任何不必要的东西都是不美的。优美的文本是一种体验的典范,它越集中,它塑造的体验感就越强烈。似乎没有什么比发布(出版)文本更容易、更自动化的了。它们必须减少到不可避免的最低限度。今天,每一个文本批评似乎都必须是只有最小的文本(minimale Texte)才有机会在信息技术革命中幸存下来。

但是,事情并非如此简单,因为有些文本可以精确地从冗余中提取信息(比如,让我们思考小说家托马斯·曼[1]在作品中铺设的迷宫和深

---

[1] 托马斯·曼(Thomas Mann,1875—1955),德国小说家和散文家,出生于德国北部卢卑克城的一家望族,代表作有被誉为德国资产阶级的"一部灵魂史"的长篇小说《布登勃洛克一家》(1901)和长篇小说《魔山》(1924)。他于1929年获得诺贝尔文学奖,是20世纪最著名的现实主义作家和人道主义者之一。——译者注

5. 文本：一种公之于众的政治姿态

邃复杂的旁路故事）。然而，与其说是受到前面这些原因的影响，毋宁说存在一个特别的批判点，即从这个（临界）点出发，奥卡姆剃刀的其他应用与其说是修饰文本，倒不如说是将文本完全删除了。如果删除大部分冗余，那么剩下的就只有噪声和几乎无法识别的信息了。从书写者与出版人的对话斗争来看，重要的是发现这些批判点（临界点）。在这些批判点中，最好的信息能在完全陷入噪声之前抵达读者。这些批判点的发现最终会成为决定性的出版标准。

文本是话语。文字符号在话语中超越其终结点而指向完善它的读者。如果奥卡姆剃刀将这种话语变成切片（截断），那么读者就不再能接收（解码）它了。文本越短，文本的解码就会越困难。在批判点那里，文本是无法被解码的。书写者与出版人的斗争将阅读的难度推向极端，并维持在那里。它必须在不让读者感到过重压制的范围内对读者提出尽可能高的要求。出版的标准就是读者的阅读能力。

文本如水般流动。字母、词语、句子和段落要紧密地连接在一起，相互连续、没有间隙。文本的单元应该被插进一个波动结构中。重要的是节奏体系（Rhythmus），即节奏的重叠层次，每个字母、词语、句子、段落都要按其独特的节奏对应韵律，而且它们事实上都对应着相同的律动。本文应该"调和韵律"（stimmen）。某种统一的调和韵律状态应该从文本的音乐性、词语性、意义论、逻辑性维度中对应律动（保持节奏）。因此，奥卡姆剃刀并不只是将话语切片，而且还将话语以某种韵律调和为统一体。尽管出版人在文本那里制造了一种拼贴技艺（Collage），但读者不应该将文本称为拼贴技艺。

文本需要进行调律（调和韵律）。文本存在两种类型的调律：在第一种节奏中，一种话语的浪潮会归结于其他话语的浪潮；在第二种节奏中，话语的浪潮接踵而至。我们可以将第二种节奏称为切分音式的①（Synkopisch）。如果某些文本总是与自己的意识产生矛盾，同时仍然无缝地流动，那么它就是切分音式的。这样的文本就能抓住读者，因为它对抗着心脏麻痹，并使读者愤怒，使读者在无意中兴奋起来。这样的文本实际上犹如那些紧握的拳头，穿过那些使人麻痹的媒介，以提供信息。文本中内部矛盾的切分音式暴力是书写者与出版人之间的表面矛盾导致的结果之一。具有真善美特质的那些文本，也就是说，浓缩、流畅且充满矛盾的文本，是书写者与出版人之间的创造性对话的产物。这些真善美的文本给予我们以希望。进而言之，并非所有的文本都会成为新兴技术图像宇宙的受害者。

　　书写者首先（或在第一行中）是为了他的出版人而存在的。书写者与出版人共同存在，其目的是将未完善的半成品文本制造成一只紧握的拳头。希望的本质在于，那个紧握的拳头会突进到信息状况中（甚至超越了字母-数字符号）捕捉完善文本的读者。书写者从自身的孤独之中跃出，跳入共同体，以便通过与出版者的合作而站立在寻找他人的道路上（即使书写者本身并没有意识到自己站立在寻找他人的道路上）。出版人在图书印刷之前是不存在的，而是由教会负责批判文本，并承担着将其介绍给读者的任务。因此，当时书写者是朝着[与伟大上帝的荣耀（ad maiorem Dei gloriam）]完全不同的方向，并根据自己的憧憬（愿望）开始书写的。那时所谓的读者，对书写者来说是使其文本走向神性（完善其文本）的传递者（中介者）。印刷术的发明改变了书写，换句话说，宗教承诺变成了政治承诺。

---

① 从韵律上看，指大体在两个辅音之间没有重音的元音消失现象，即一种弱音被省略的现象。——译者注

6. 书籍印刷：信息革命时代新的书写与思维方式

在这里，书籍印刷不应该被理解为一种生产印刷品的技术或一种分发字母-数字信息的方法，而应被理解为一种新的书写和思维方式。尽管印刷的各个方面对于理解现在的信息革命（人们可以将电磁信息理解为图书印刷技术与发行方法的持续发展）至关重要，但这涉及一些非常根本的问题。也就是说，随着印刷技术的发展，书写者将字母排列成行并将它们秩序化时，并没有意识到自己在做什么。那么，这种有关书写的理论和实践是否会导致其超越书写所表达的历史意识？信息革命又能否被视为文字固有的潜在性（Virtualitäten）耗尽的结果？这些都是存在的问题。

希腊语"typos"的意思是"痕迹"①。从这个意义上说，鸟的脚在海滩上留下的痕迹就是"typoi"，所以这个词的意思就是这些足迹可以作为对经过这里的鸟进行分类的模型（Modelle）。这个词还有一个意思是我可以在沙子上画出这类鸟的脚印，以便比较和区分不同鸟的种类，

---

① 弗卢塞尔在本段与下一段文字中分别探讨了"typos"与"graben"，目的是探究"Typografien"（印刷）的词源。——译者注

所以"typos"的意思是所有鸟的脚共有的东西[典型之物（das typische）]，它意味着一切特征和个体（个别性）背后的普遍性。

希腊语"graphein"的意思首先是"挖掘"（graben）。从这一意义上说，利用铁笔在黏土盘上留下的痕迹，就是印刷（Typografien）。但是，正如我们所知道的，"graphein"这个词语在日常的语言习惯中的意思是"书写"。这意味着对文字符号（那些要被分类、比较、区分的痕迹）的挖掘。"印刷"这一词语从根本上来说可以翻译成"凿刻"（Grubengraben）或"书写文字符号"（Schriftzeichenschreiben）等，所以就叫"书写"也是无妨的。

自文字（特别是字母-数字书写）被发明之后，人类就开始使用书籍印刷技术了。古腾堡实际上没有发明任何东西。早在公元前第二个千年的中期，人类就已经可以在古腾堡的意义上印刷书籍了。所有的技术性前提条件（如印刷机、墨、片状的纸和金属模具制造技术）在当时就已经都具备了。然而，人们还没有进行印刷，因为他们在将文字符号标识在黏土盘上的时候还没有认识到自己正在处理活字/典型①（Typen）。他们将文字符号视为特定文字（Charaktere）。"使之典型化"的思维方式在当时还没有被意识到。古腾堡的伟大之处就在于他对字母-数字文字设计类型的发现。

想要获得典型化（类型化）意识（typisierenden Bewußtseins）有多么困难，通过下面的例子就能明白。中世纪对共相的争论是关于比较的问题②：如果我将桌子和椅子进行比较，那么我在干什么呢？我是要

---

① 在德语中，"der Tye/Typus"（类型、典型）和"die Type"具有相同的词源，它们的复数形式都是"die Typen"。着眼于这一点，为了说明所谓的活字使用与典型思维方式的关系，作者无差别地对两个词语进行了书写。——译者注
② 在中世纪的哲学中，关于"共相"的讨论分为实在论与唯名论两大派别。其中，（转下页）

发现两种事物的共同之处（普遍性），发现其中的典型之处吗？是想发现两者共同具有的"家具本质"？这是"实在论者"①（Realisten）的见解。或者两者没有什么可比性，而我硬要从虚空中捕获一个词语（如"家具"）去进行一种完全不可能的比较，我要对它妥协吗？这是"唯名论者"②（Nominalisten）的见解。对实在论者而言，典型性、共相指具有普遍性的东西，它们实际上隐藏在特殊之物的内部，而且是可以被发现的。换言之，"共相是以实在的形式存在"（universalia sunt realia）。因此，具有这种认知的人被称为"实在论者"。对唯名论者而言，现实中具有特殊性的事物背后不存在任何东西，而且典型（类型）之物纯粹就是我们以比较为目的所称呼的一个名字而已。也就是说，"共相是以名字的形式存在的"（universalia sunt nomina）。因此，具有这种认知的人被称为"唯名论者"。

但是，在这种论争之中，重要的是它们并非逻辑学的问题（"比较"是通过某种具有同一性的事物得出的，还是为了从不同事物中制造出同一性的策略？），而是重要的存在性问题。也就是说，如果那些共相是实在的，那么它们就是可被制造出来的一座（位阶性、秩序化的）金字塔。在比较中发现桌子与椅子的家具本质后，我又通过一件家具与一

（接上页）实在论者认为共相具有客观性，它独立于人的心灵存在。比如，柏拉图的理念论认为，共相是永恒不变的真实存在。唯名论者则认为共相只是名称或标签，是人们用来指称具有相似特征的个体，实际上并不存在独立的共相实体。——译者注

① 实在论派（Realism）也译为唯实论派，创立于11世纪，是中世纪经院哲学派别之一，代表人物有安瑟尔谟、威廉姆·香浦、托马斯·阿奎那、邓斯·司各脱等。实在论者承继了古希腊哲学家柏拉图的看法，认为人们信以为真的一切事物都只是近似于真实的存在，人类感官感受到的世界只是真实的一种投射，并非真实。——译者注

② 唯名论派（Nominalism）也是中世纪经院哲学的一个派别，主要代表人物有罗瑟林、阿贝拉尔、罗吉尔·培根等。唯名论者否认共相具有客观实在性，认为共相后于事物，只有个别的感性事物才是真实存在的。——译者注

件衣服的比较,意料中地发现了"更高的"普遍性,然后我到达了金字塔的顶点,即所有的共相达到最普遍的程度——神。因此,我通过比较而走向上帝,并拯救我的灵魂。实际上,这可以通过两种补充的方法实现。首先,从思考上,我从特殊性开始逐渐推论出普遍性(共相),而且通过这种归纳的方式,我能从某种比较良好的阶段的现实中逐渐上升到更高阶段的现实,然后我最终迈进围绕着神所形成的思维之路(哲学和神学)。其次,我将以"作品"(Werk)为媒介,通过实践从特殊(偶然性)中将普遍(本质)性发掘出来,然后在这种本质中将更高的本质,即从终极角度将所有本质中的最终本质(Quintessenz,"第五本质""精髓")发掘出来,直到我们可以从偶然中确认上帝的存在为止。也就是说,我们能从铅中将金子炼出来,从金子中将长生不老之泉、贤者的石头甚至是神现实化(现在化)。我通过训练有素的制作行动(如炼金术)抵达神所在之处,并拯救我的灵魂。

如果共相只不过是单纯的话语,那么所有的哲学与神学都将成为单纯的话语游戏(flatus vocis,"话语的洪水",即咆哮的声音),因而所有寻找神的实践,如炼金术,都是魔鬼性(邪恶)的。此时我应该感受到的是,我初生之时被投掷进的这个世界只是由一些纯粹的、无法比较的、独特的、无与伦比的现象构成的。我关注这些现象,是因为我的灵魂缠绕其中。因此,如果我想救赎自己的灵魂而不被魔鬼引诱,我就必须背弃这个世界,向上帝明确的、纯粹的、无法言喻的信念(sola fide①)敞开自己。

在西方进入现代之后,书籍印刷技术的发明(无论历史上怎么说)

---

① 即"因信称义",是路德宗的基本教条。在宗教改革中,马丁·路德提出了五个"唯独"(唯独《圣经》、唯独信仰、唯独恩典、唯独基督、唯独荣耀归于神。同时,他强调"因信称义",而不是通过善行或宗教规定的工作去获得拯救。——译者注

6. 书籍印刷：信息革命时代新的书写与思维方式

已经按照实在论者的一方对普遍论争作出了判定。尽管众多唯名论者对现代哲学和科学的完善发挥了决定性影响，但实在论的核心命题"共相以实在的形式存在"（universalie sunt realia）已成为现代思想和研究的根本性原则。我们相信普遍范畴、典型的实在（实际），以及原子核、物种繁衍、社会阶级、民族类型的实在。同时，我们正试图发现并操纵这样的实在。假如现在这种信念处于动摇的状态（就如实证主义者或现象学学者那样），并且我们后退一步，从而拥有试图转向唯名论者的倾向，那么这就可以归结为典型（类型）化思维方式的消磨殆尽——这种思维方式将变得不合理（荒谬）。

书籍印刷技术的发明解决了实在论者有关共相的论争。它清楚地表明，我们在书写（以书写的方式表达自己的想法）中操纵了典型化。书籍印刷技术使人们能够掌握典型。因此，这是将柏拉图式（这种信念是中世纪实在论的源头）的观念实在论，从其自身的思辨性维度转换为实践性维度。书籍印刷技术已然成为现代科学的支柱之一。

古腾堡以前的书写者认为，文字符号是将某种特定口语的特征可视化的文字符号，即可视化为某种特殊声音的特征。如果依据这种错误的观点，那么每种特定语言都会要求其自身具有独特的字母（表），因为拉丁字母的 A 与希腊字母的阿尔法（α）意味着不同的声音。因此，当时有四种字母表共存，分别是希腊语、拉丁语、希伯来语和阿拉伯语字母。每种字母（表）是为了对应的语言以特定的方式可视化存在，即字母（表）与其对应的语言具有特定关系。然而，当时的人也已经模糊地认识到那些文字符号实际上只是些模型（类型），而不是特征，所以他们也开始模糊地认识到能将斯拉夫语言符号化为希腊语字母，将日耳曼语言符号化为拉丁字母，将伊朗语言符号化为阿拉伯字母。然而，哪怕人们只是拥有如此模糊的意识，与这四种字母表相符的典型性语言也仍被视作神圣的。在今天，如果书写中有明显的典型意识，而且四种字母(表)并存，这是因为如今像上述那种模糊的意识遗迹依然抵触典型的(类型化的)思维。

书籍印刷技术使人们对书写思维中典型的迟钝认知变得清晰起来，随之而来的是这种思维的问题(可疑的本质)。这里应该强调两个问题，因为它们阐明了这种思维的现代危机。

危机一：理论是提供认知的①

书籍印刷展示的典型(如柏拉图和中世纪存在论者们思考的)并非具有不会变化的永恒形式，它可以被模型化(modellieren)，被改善，也可以被丢弃。例如，由于拉丁字母中没有德语"sch"般的发音符号，所以在德语中，所谓的"sch"典型(类型)被发明了出来(值得一提的是，这不是一个非常巧妙的发明)。然而，这并不意味着"典型是纯粹的发明品"(Typen sind reine Erfindungen)这一唯名论命题得到了证明。相反，它意味着尽管典型是所谓的事实，但它们也必须适应特征。所谓"sch"的典型并非飘浮在我们头上的某种柏拉图式的天空中。正因如此，我们才无法长期毫无依据地捏造它。相反，我们被强迫适应"sch"的发音，所以"理念"的概念发生了根本上的变化。这个概念不再意味着对永恒形式的某种虔诚的、被动的观照行为，即不再意味着任何空洞的语言游戏，而是在不断地改进典型的模型化(在这个意义上更接近真理)。理论是提供认识的，但它们是发明品，是科学认知的基础，从根本上说，它们包含在书籍印刷的发明中。这种问题意识是当前文字书写的历史思维的危机根源之一。

---

① 原文只有小标题"♯1"。——译者注

危机二：劳动价值的逆转①

印刷物（Drucksache）是一个典型的事物，而不是一种有特色的、无可比拟的、独特的事物。印刷物是一个"典范"（Exemplar），是独特事物（如手稿）的众多例子之一。印刷物的价值不在于它是一种特征（作为独特的纸张），而在于它是一种类型（典型）。有趣的不是印刷物（纸张、文字印刷）的生产，而是类型（文本）的生产。对某些印刷物的观察颠覆了"劳动者"②（homo faber）的经典人类学（klassische Anthropologie）认知，这证明了基督教的论点，即劳动是对原罪的惩罚。类型化、符号制作、"意义赋予"及提供（赋予）信息显然是符合人类品格的活动。劳动、典型事物的生产并不是与人的品格相匹配的活动，而是一种被轻视为只交托于印刷机的动作而已。这种对劳动的轻视和对典型化的尊重导致的第一个结果就是工业革命，即机器设备的出现。书籍印刷既是工业革命的模型，也可以被理解为工业革命的核心。信息并非只被印刷在书籍上，而且还应以机械的方式印刷在石油制品、金属和塑料之上。

印刷物在超越工业革命之后延续到了后工业社会，它彰显着对现在呈现的典型对象的轻视，以及对典型的、"纯粹的"信息核心的尊重。与劳动有关的所有价值的逆转（重估）在此处被表现出来，并且这种问题意识正是当前危机的根源之一。

当书写者通过古腾堡认识到，他们正在制作典型，并开始意识到自己成为"信息提供者"之时，典型思维方式就在所有的文化领域中展开

---

① 原文只有小标题"♯2"。——译者注
② 弗卢塞尔在其众多著作中以马克思主义的关键概念"劳动者"为基础，引申出"游戏者"（homo ludens）的概念。他并非否定马克思主义的"劳动说"，而是意在指出技术装置得到了发展，媒介（环境）开始用新的方式塑造人们。同时也可以参考 1980 年于荷兰问世的 *Homo Faber* 一书，其副标题为"始于 1500 年的印度、中国与西方科技文化的概观"。该书反映了哲学与人类学研究的新视角。——译者注

了，其过程包括发明典型，使它们适应世界的特征，逐步改进它们，然后将它们推向世界。这种思维方式在公元前第二个千年的中期于地中海东部地区模糊地形成了。随着印刷机的出现，它介入清晰的意识，并在现代征服了全球。古腾堡的星系比麦克卢汉想象得更久远，而且也会持续地发展下去。然而，有迹象表明，典型思维（这种改良的现实主义）对迄今为止一直被压抑的唯名论的胜利并不是确定的。唯名论者反对科学、技术、政治、艺术及哲学对所有现象的普遍分类与典型化。也就是说，所有的一切都是"咕噜咕噜的声音"（Grunzen der Stimm），它现在变得再次可以被听到。举例来说，现象学创始人胡塞尔的战斗口号"回到事物本身！"（Zu den Sachen selbst！）就意味着超越抽象的典型，从而指向具体的、个别的事实。这是对"进步"的一种质疑，因为从具体的事态开始，进而达到抽象的典型的这种（科学、技术、经济及政治的）进步，慢慢地显示出必然堕落的疯狂。例如，奥斯威辛、核武器、环境污染，简而言之，一切都在普遍化与典型化的政治中显现了出来（堕落的疯狂）。我们开始对共相的实在的信念失去信心。并且，至少从卡夫卡开始，我们世俗观念上对唯名论的情感开始在内部和周边凝结。图书印刷的思维正处于要被超越的前夕。

信息革命即记号的生产和电磁场内部的记号的渗透，显然打破了图书印刷思维方式。那些出现在电脑屏幕或电视机画面上的新记号就不再是被雕刻进一个对象内部的痕迹，因为它不再是"印刷的"再确认。同时，新的信息革命催生的思维方式也已然不再是印刷的、典型的思维方式。印刷的姿态及其在这种姿态下表达出来的心态（Mentalität），将成为考古学的遗物。"进步"将成为考古学的遗物（过时了），所以如今进步的人类在将来就会变得具有退行性（反动）。但是，我们大部分人都陷入了这种使我们被退行性思维诅咒的命运，因为"挖掘痕迹"的思维方式在我们的内部进行了深度的发掘。我们大部分人可能宁愿持续愉快地书写与印刷,即我们处于对信息革命的忧惧与惊叹的混合心情之中。

可以明确的是,我们从古腾堡的银河转向电子文化的过程中遗失了什么,即失去了西方遗产中对我们有价值的一切。相比之下,我们还不清楚自己到底能得到些什么。如果我们知道这一点,我们就登上了新思维的阶梯。但是,我们以唯名论的思维方式沉浸在圣方济各①(Fransic of Assisi)的生活与诗歌之中,我们可以预见自己的未来。可是,仅通过以信心(sola fide)为媒介吗?

书籍印刷这种自我意识(自觉)形成的字母(表)书写能被视为西方的、历史的、科学的、进步的思维的自觉表达。信息革命使书籍印刷、字母(表)及与此相关的思维方式都变成了无用之物。然而,它带来了一种崭新的思维方式,虽然尚不明显,但已然可被推测。这听上去似乎是一个空洞的说法,但实际上它是一个关乎未来且充满担忧和希望的问题。

---

① 圣方济各(San Francesco di Assisi,1182—1226,又称亚西西的圣方济各)是天主教方济各会和方济各女修会的创始人。——译者注

7. 规定:程序化思维的兴起与新文盲的产生

　　感知随着信息技术革命出现的思维方式,其方法之一是观察那些在电磁场中放置带有新记号装置的人——他们是点击键盘(按钮)的人。他们这样做的目的是将装置程序化。"程序"(Programm)一词是从具有拉丁语"praescriptio"①和德语"Vorschrift"②意义的希腊语中派生出来的。我们可以问,进行程序化(编程)的人还在继续(文字)书写吗? 还是他们已经开始了另一种书写? 如果那些违背我们时代潮流的逆行者(退行者)声称本质上没有任何改变,而且"本质的东西"总是相同,那么他们是正确的吗? 并且,问题在于这些人向谁书写呢? 书写不正是向其他人交托书写的"本质"吗? 因此,对这些人来说,书写的"本质"已然发生变化,它是一种不同的书写,所以它需要被赋予一个新的名字——程序化(Programmieren)。这对逆潮流而行的人来说不仅是不舒服的,而且是令人震惊的。

　　我们必须首先从无害的角度对这种新事物的惊奇(震惊)加以分

---

① 翻译为规定或前"prae"+文字"scriptio"。——译者注
② 翻译为规定或前(Vor)+文字(Schrift)。——译者注

析。也就是说，那些人不再以字母顺次书写，而是使用其他符号来书写，即使用所谓的二进制符号书写。人工智能（也许只是暂时的）依然十分愚钝，它连字母也无法解读[1]。虽然新电脑符号的简单程度亘古未有（就如刚才言及的人工智能那般简单），但对新符号的使用并非如此简单。它们在结构上是简单的，但在系统功能上是复杂的。虽然我们大部分人并没有学习操作那些系统的方法，但我们所有人都学习过字母（表），并且书籍印刷（印刷机）带来了一种普遍意义上的民主化的识字能力。随着这种电脑新符号的诞生，我们正再次成为文盲。与此同时，某些新的符号使用阶层也随之诞生了。对我们大部分人来说，那种新的文本（电脑程序）与书籍印刷技术被发明之前的字母书写一样充满神秘感。无法解码的东西是一个令人惊讶的秘密，我们满怀恐惧地跪在（supplex turba）那个秘密前，并努力试图逃避它，就像在雕刻着犹太律法的两块石板（十条诫命）前的金牛犊一样。当然，没有比揭露秘密更为简单的事情了。只要我们学习秘密符号（对罗马人或犹太人来说是字母符号，对我们来说则是电脑符号），就可以做到。但是，对新事物的恐惧使我们无法学习秘密符号，只有那些对此毫无恐惧的孩童们才能像玩游戏般地学习。我们必须尝试使用不同的方式。我们应该努力通过印刷的思维方式去了解后印刷（nachtypografischen）"书写"的策略。由于我偶尔通过字母来书写论文，所以我也要尝试摆脱对程序的恐惧。

假如我们将程序视为与机械装置相对应的文本，而不是与人类相对应的文本，那么自文字发明以来，甚至在机械装置出现之前，我们一直在编程（程序化）。也就是说，我们仿佛将人类当成了机器，而且我们

---

[1] 这里指20世纪80年代末90年代初的人工智能发展水平。——译者注

一直在为人类写作。我们为人类规定了行为模式，这些规定形成了一个强烈的根本动机，并且这种动机就存在于我们称为西方文学的所有话语织物（文本）中。如果我们把这些基本动机视作西方历史整体观的指导原则，那么它的发展过程可以描述如下：在汉谟拉比碑文（《汉谟拉比法典》）出现以来，这些规定起初就是"诫命"；在《十二表法》（Leges Duodecim Tabularum）发布之后，它们就成了"规定"；之后，它们被分化成"教会令""训令"及其他的命令形式；在工业革命以后，这些规定就变成人类对机器作出的相关规定，即"使用说明书"；在信息革命以来，上述的"程序"（对机器的规定、指令）终结了这种发展。因此，程序不仅是一种崭新的书写方式，也是从最初的文字中成长出来的，是一种对萌芽倾向的完善。

上述规定的根本动机（以及同时在其内部表现出来的西方历史）能以多样化的方式（如去宗教性的世俗化倾向）被阐释。例如，犹太人的"十诫"是神圣的，它们有神圣的作者，代表着将人类制成人偶（机械装置）的某种超人类的权威（Autorität）；"法规"（如宪法性质的基本法）虽然不是神性的，但它至少也拥有神话性的作者[1]（如民众），并且它是规范人类态度的神化了的权威。关于所有那些后来出现的规定，越来越显而易见的是，它们是被那些支配他人的人制造出来的。在"使用说明书"中呈现的是所有规定的意图，是将人类行为把握为一种类似于机械的自动形态。因此，那些使用说明彰显出一种特点，即机械越自动化，它们就越简短，而当那些机械实现完全自动化之时，它们就将成为完全无用之物，将它们取而代之的便是程序。程序并非被人类规定，而是能替代人类去规定机械装置。因此，可以确认的是，那些规定（以及西方

---

[1] "作者"（Author）与"权威"（Autorität）的词源相同。——译者注

历史)的倾向完全是世俗化的,并且如果要达成这一目的,也几乎没有必要再规定人类自身的行为或对他们展开操作,因为人类会自动地按照自己的方式行事。

我们可以将规定的根本动机视为一种价值变换的倾向,即人类态度的科学化倾向(假如能将"科学"这一概念理解为从价值到自由思考和行动的倾向)。"诫命"规定了一种追求"永恒"价值观的态度,而"法规"规定的是一种价值"更高"的态度,所有随后出现的规则都脱离了规定(在规定中变得自由)。归根结底,那些使用说明只与一种功能性的态度相关。所以,重要的在于行为逐步去政治化与功能化,只有从规定的综合性句法结构中我们才能对它们(使用说明)进行解读。它们从命令性命题(你应该干什么)转变为功能性命题(如果……的话,那就去干……吧)。也就是说,"十诫"中的"当孝敬父母"变成"假如你想喝鸡汤,那么你就用鸡肉罐头和……一起做饭吧"。这种行为的价值变换随着计划的结束而终结。在经过逻辑分析后的电脑程序中,所谓的"必须做……"(sollen)的道德性要求的象征并不存在。因此,显而易见的是,所有规定(以及整个西方历史)的倾向是所有态度的去政治化(Völliges Entpolitisieren)。同时,一旦达成这个目标,人类与社会就像一个自动化(控制论性)系统一样,能自动、自发地调节自身。

对规定中潜在的倾向具有两种解释,这预示着一种功能性的思维方式正在兴起。那是一种世俗的、倡导价值自由的思维方式。这种思维方式不再能通过历史的、政治的、伦理的范畴加以分析,而是适用于控制论的、计算的、功能性的范畴。因此,程序化(编程)从本质上看不能被称为书写,而是与书写中表达出来的思维方式不同的另外一种姿态。

我们尚不能确定上述试图将程序化去神话化的尝试是否消除了对

程序的肯定。显然，我们可以从乐观主义的视角来加以分析。自从程序被当作机器而加以规定之后，规定的压力就从人类那里转移到没有生动感的对象上。人类是自由的，就像人们所希望的那样。这种潜伏在规定中并在程序中完成的倾向似乎以自由为目标。机械装置能比人类更好、更快地行动，它们能更好地组装汽车，更好地编织衣服，更好地雕刻雕像，而且它们迟早会比人类更好地收获樱桃。最终，它们会比人类更善于思考。也就是说，它们能比人类更快地计算并作出决定（可能与收获樱桃相比，它们更善于计算）。人类现在可以专注于使机械装置程序化，这不正是自有历史以来他们一直追求的那种自由吗？

现在与这一直观性的思维不同，我们遭遇了两种完全不同的怀疑（担忧）。第一种怀疑是十分直接地呈现出来的，我们可以简单地将其描述为所有的行为样式并非全部被转换为机械装置。例如，"当孝敬父母"这条诫命所意味着的行为模型说明了无法自动地决定人类尊严的态度样式是存在的。然而，这种认识是错误的。像从前一样，所有的行为模型都可以被程序化和自动化。我们认为它们只是行为的构成要素，即它们必须分解为行为元素（Aktome），然后再重新程序化。上述诫命提到的态度可以表现为"我用心照顾躺在病榻上的母亲"。与人类根据这种诫命所采取的行为相比，机械装置能够更好、更快、更正确地采取行动。

对乐观主义的第二种怀疑（担忧）相对来说更难一些。人类在自发的强制中（Sich-verhalten-Müssen）相当于完全缺乏自由，即他们必须从自己遵守的行为中解放出来。如果说并不存在必须采取某种行为（如劳动、行走、坐下、计算、画画）的必然性，那么所有行为都将成为"无偿行为"（acte gratuit），即一种毫无意义且荒谬的姿态。这种观点是说，自由只能在与必然性的斗争中获得发展，因为完全的条件性和完全的

7. 规定:程序化思维的兴起与新文盲的产生

无条件性都是不自由的。从乐观的角度来看,人类的每一种行为无论是否符合规则,在死亡(的必然性)面前都是荒谬的,而且从根本上说,所有的规定常常是为了给这种荒谬赋予意义。如果规定从人类转移到机械装置,那么人类能自由地为这种机械装置的荒谬行为(以及自己在装置功能中的行为)赋予意义。因此,程序化意味着赋予意义,而程序化背后隐藏的意图是让人们自由地为世界和世界中人们的生活赋予意义。

如果人们坚持这种令人震惊的程序化乐观主义,他们就会消除对程序化的恐惧。那么可以说,人们通过程序化而超越了历史,历史的目的也就达到了。所有的行为都是世俗的(平凡的)、科学的、功能的、非政治的,并且人们可以自由地给这种态度赋予意义,继而历史及创造历史的思维方式也就完成了。一种新的、后历史的和荒谬的赋予意义的思维方式正在出现。问题在于,这种乐观主义是否真的能让所有受到影响的人满足还有待考察。如果我们接受这种乐观主义,那么剩下的问题就是,从现实来看,所有的书写是否真的都可能被程序化超越(取代)。所有的规定都能被程序化实现,但不是所有的规定都是以文字来书写的。文学也不仅是由诫命、法规和使用说明书构成,文字记录中的其他结构也可能是无法被程序化的。因此,书写还会继续。在书写持续的过程中,历史的、政治的、价值评价的思维方式就被保存了下来。

但是,上面提出的(退行性)异议被证明是错误的。当然,并非所有的文学都是由规定或行为模型构成的。这是正确的,因为认知模型(如科学的、哲学的文本)或体验模型(如被称为文艺创作和"纯粹文学"的文本)也是存在的。把文学作为行为、认知、体验的模型来区分是将人的"理想"以真善美的标准进行区分的古典方式,这些都是在工业革命之后无法再维持的区分法。我们可以通过将所有的命题还原为"假如……，那么就……"，从而将认知、体验模型还原为行为模型，这就适用于现在的方法。命题的计算，最终无论它是哪种类型的表达，都能将所有的命题转化为函数关系。我们能将所有的文学都程序化。

被程序化的文学呈现为一种状况，在这一状况下，所有的文本首先能被转换为程序，然后由人工智能进行电脑计算。通过这种方式，可以生产出特别具有影响力的认知模型与体验模型，它们可以在已经被使用的合成图像中被识别出来。从简单的统计曲线到复杂的整体理论的描写都呈现为在屏幕上闪耀着的二进制的、数字的、符号化的认知模型，它们具有的清晰度和表达能力超越了所有科学化的数字、文字符号化的文本。所谓的电脑艺术如今已经创造出了体验模型（幻想性的，并且是"不可能的"结构）。它们虽然是一些图像，但作为依赖数字符号化程序的图像，能被视为文字的、数字的、符号化文本的符号转换（转码）。在这个阶段的体验模型首先能被视为符号化的文艺创造和虚拟作品，其次能被视为"图像艺术"（bildende Kunst）。因此，关于对所有书写进行程序化的乐观观点似乎是有道理的：如果字母-数字书写被数字程序化替代，那么到目前为止，文本传达的所有信息，所有的行为、认知及体验模型，在传达上都能借助新的信息媒介变得更有效和更富创造性。

然而，我们不能被这种乐观主义冲昏了头脑。到目前为止，将以字母-数字的形式书写的所有内容进行程序化虽然获得了许多好处，但退行性的恐怖（情绪）并不能被马上驱逐。也就是说，在字母-数字符号转换为数字符号的过程中可能丢失了一些东西，而这些丢失的东西就不仅是退行性的人会将其视为文字书写的批判价值。在思考和书写之间的仲裁者，即口语，失去了作用。数字符号是表意文字，因为它使概念（"理念"）变得可见。与字母符号不同，数字符号并不意味着某种口头发音。当对以前按照字母顺序书写的内容进行程序化时，思维将与语言分离。这是一件可怕的事情。

　　正如我们在学校中学到的,书写是一种历史意识的姿态。与我们孩童时代开始学习时一样,程序化是其他种类的意识的姿态。程序化思维更类似于数学意识而非文学意识,它使用的符号与数字符号一样具有表意属性。维特根斯坦已经表明,数学思维具有非历史性的特征。他指出,所谓的"2+2在下午六点之时为4"是没有意义的。然而,迄今为止,数学思维已经有机地融入字母-数字符号,它被历史思维的潮流卷动。现在,程序从字母-数字符号中诞生,并与字母-数字符号和口语分离。这证明了人们的一些悲观情绪是合理的。

8. 口语：思维与言说的接合与分离

　　一旦程序化（书写）脱离了字母-数字书写，那么思维（为了表达自己）就不再需要以口语为中介才能变得可见了。通过以口语符号作为中介的表达记号将变得多余，西方文化（以及其他所有的字母符号化的文化）就具有如此强烈的特征。受字母符号支配的这种思维和言语（表达）的结合得以扬弃。我们将思维的规则称为"逻辑"（话语的规则），将语言批评作为思维分析的方法。《圣经》认为在太初就存在话语（"道"），海德格尔也说过"语言是存在之家"①（das Haus des Seins sei）。这种思维和言语（表达）的结合从根本上来看是令人惊讶的，因为除了字母，总是有一些符号可以让思维变得可见，即思维借助一些符号（为媒介）而将自己表达出来，如绘画符号与数学符号。由此，人们便认识到言语（表达）仅是思维的一个层面而已，并且反复尝试将多样化种类的思维方式变成一个公分母。一个令人印象深刻的例子是将逻辑的法则与数学的法则相互还原的（以无结果而告终的）尝试（参考罗素和怀

---

① 海德格尔说："语言是人的存在之家，人类以语言之家为家。"——译者注

特海的《数学原理》①)。然而,字母符号是支配性符号,而且数千年来它已然颠覆了所有其他的符号。当字母符号被取代时,思维从言语(表达)之中解放出来,其他的非语言思维(如数学及形象性思维,或可能完全是崭新的思维)将进入一个尚未被预见的、难以想象的新发展阶段。

但是,言语(表达)永远不会因此而被超越(过时)。相反,如今从字母符号中分离出来的口语正从各种装置中流出(充斥着整个场景)。唱片、磁带和有声图像大声呼唤着人类社会,并向它低语,甚至人工智能也在学习如何言说。言语(表达)的方式,即感知声音的方式将在技术上得到发展。此时的危险在于,从字母符号处分离的言语(表达)将逐渐变得荒芜化。我们的语言历经数千年的筛选,从被甄别出来的字母符号到印刻的符号,再到呈现在屏幕上的符号,如今已然变身为优美、精巧且准确的工具。如果允许口语成长,那么它们及其对应的大部分思想都将变得野蛮化。

当然,字母符号对言语(表达)的影响不能被高估。也就是说,如果我们研究一下现在的语言习俗环境,我们就会发现大部分对话与文章都变得毫无意义(是废话),甚至与无意义相比,它们都是邪恶的。在所有的对话和文章中,大约95%的内容存在语法上的错误(无论是"这台洗衣机更好"还是"柏林位于北方"等陈述)。因此,它们从根本上(本质上)无法表达任何东西。如果你在路上偷听到别人的交谈,并且你也阅读报纸、杂志和小说,那么看电脑程序几乎就像一种审美娱乐。如果在字母符号被驱逐之后,这些闲谈和煽动性的表达失去了对思维的控制,

---

① 《数学原理》是英国哲学家伯特兰·阿瑟·威廉·罗素(Bertrand Arthur William Russell)与其老师阿弗烈·诺斯·怀特海(Alfred North Whitehead)合著的一本于1910—1913年出版的关于哲学、数学和数理逻辑的巨著,对逻辑学、数学、集合论、语言学和分析哲学产生了巨大的影响。这部巨著为罗素赢得了学术上的崇高地位和荣誉。——译者注

那么它就可被视为一种认识论的、政治的、美学的净化(Katharsis)。

当然，语言是心灵的最高成就，并且人类构思的语言是我们拥有的最高贵的财富之一。这里应该总结一下我们保护和增加这些遗产的无数观点。

换句话说，我们的语言（印度-日耳曼语和塞姆族-哈姆族语①）具有"流动性"。进而言之，我们的语言是根据词语在句子中的位置而变化的。由这些词语构成的句子是"向外-言说"（Aus-sagen，表达），即由主语（Subjekt，主体）抛（投掷）出谓语。因此，我们语言所表达的东西（我们语言的宇宙）是由意图性、箭头形状的情况构成的。例如，"汉塞尔爱格雷特"这个句子是"我爱你"这句话的气势，而且这气势是从汉塞尔处来，并指向格雷特的。这并非适用于所有的语言类型。例如，在黏着语（如印地安种族图皮-瓜拉尼族）中，有词语拼接但不构成句子的情况。因此，这种语言的宇宙（他们正在探讨的宇宙）并不带有任何意图，而是带有某种事实的属性。在孤立语（如汉语等）中，句子并不存在，只有音节的并置（并列），所以其语言的宇宙并不具有投射的（Projekt）属性，而是具有马赛克的属性。因此，大体上只要我们在关联语言的情况下进行思考，就很容易在这两个世界（宇宙）中失去方向感。我们的思维正在动摇，因为以上情况证明了我们的世界并不是由现实构成的，而是由我们的语言构成的。虽然这种动摇（不确定性）是有益处的，但它也表明了我们从语言中得到的——我们的语言为我们提供了一个网络，在网络的线条及其交叉之处，我们思考、感觉、渴求并行动。

我们的语言都具有相同的流动性结构，比如德语中的"Donaudampfschiffahrtskapitän"（多瑙河蒸汽客轮船长）等屈折语现

---

① 印欧语系与亚非语系的别称。——译者注

象，英语中的"put"（安放）或"set"（安放）等孤立语倾向。我们的语言只是个别地以自己独特的方式操纵这些结构。我们的语言总是有一套独特的语法。当我们将自己的语言翻译成其他语言之时，这种语法会使我们避免从支持我们的网络中脱离，进而使翻译成为可能。同时，翻译是能扩大且深化我们宇宙的有效方法，因为我们的语言是开放的体系。也就是说，我们的语言能将其他语言的构成要素、话语及规则移植到它自己的体系中，并且不丧失自身的独特属性。翻译也能使我们语言中的任何一种语言以不同的方式表达以前提到的某些东西。我们语言的多样性、结构相似性及功能的差异性常常使我们的宇宙对新的思考、感觉、渴求和行动开放。

我们语言的这种多样性还有其他面向。口语是一种声学现象，每种语言都具有独特的韵律和节奏，包括音素层面，词语和句子层面，一直到话语层面。其中，许多语言的韵律和节奏是一致的（如意大利语和俄罗斯语的音乐性），另一些语言则彼此形成鲜明的对比（如捷克语与法语的节奏）。因此，我们也能创造音乐性的语言结构，并常常在新的氛围中将我们的宇宙与律动对应起来。

我们的语言是符号，其中各种词语被符号化为概念符号，句子结构的规则被符号化为思维的规则。也就是说，我们的语言是被双重符号化的符号。现在，符号具有两种截然不同的倾向性：一种是指示性（外延性，Denotation），其中的每个符号都表示自身宇宙内的唯一要素；另一种是内涵性（Konnotation），其中的每个符号都表示宇宙中的一个不明确的区域，而且宇宙之内的每个要素都不只意味着一个符号。指示性符号（如象征性逻辑）的优势在于证明性，内涵性符号（如图像）的优势则在于意义的丰富性或可解释的多样性。我们语言的双重符号化（加密）使它能向两个层面进行扩张。我们不仅能正确且严密地(外延上、指示上)言说(表达)，而且还能进行充满意义的(内涵式)交谈，我们甚至可以同时做这两件事。由此，我们的语言前所未有地成为异常富有成效的符号。我们语言的宇宙确实是一个异常丰富的宇宙。

我们的语言与所谓"人类"这个物种的年龄相比，依然很年轻。印度-日耳曼和塞姆-哈姆族的语言似乎都出于共同的根源。它的根源无法追溯到比新石器时代更久远的时代。然而，人类可能也仅仅是数十万年前才开始可以言说的。因此，我们的语言几乎是尚未被开发的系统，它能向着无法预料的方向继续发展。然而，我们语言的词语形态与句子结构是数百代经验积累的结果。每当我们言说之时，这种积累的记忆就从我们这里表达出来，跃入公共空间，并在公共空间内变得更为丰富。这并不适用于我们所有的口语。大部分语言，"原始的"语言，作为记忆储存场所发挥功能，并没有被充分地、系统地符号化。在一些印第安语言中，词语每隔数十年就要发生变化，因为很多词语被无视，以致无法继续被使用。相比之下，其他的一些语言编码非常系统化，但它们可能变得僵化，无法再继续发展(如古代的埃及语言)。我们语言的严谨性和灵活性之间的宝贵平衡对我们来说是一种挑战，我们必须保持并传承它们。

此处谈及的对我们语言的赞美，解释了上一章结束时的悲观情绪。也就是说，如果未来将伴随着一种新的思维方式，这种思维方式会越来越少地依赖语言符号，同时越来越多地依赖计算以及电脑符号。如果随后淹没一切的语言洪流只会成为这种新方式的背景噪声，那么我们就必须担心这宝贵遗产(我们被赋予的语言)的丧失。在发明字母符号以前，口语作为唯一的符号不断反复、不断丰富，进而世代间不断传承。与此相同，在字母符号被驱逐之后，同样的情况也可能还会发生。我们

8. 口语:思维与言说的接合与分离

可能会安慰自己,但这种担心也必将不会减少,因为从口语的视角来看,前字母符号的情况与后字母符号的状况有根本的不同。

在字母符号被发明以前,口语是"神话"的承载者(我们以后能确定这一点),即社会体验、认知及行为模型的传达者。而且口语的任务就是传承神话,特别是老人或贤者可能作为"神话讲述者"(Mythagogen)而存在。据此,对这些人来说,他们被赋予了保存并丰富语言的任务。此后,这些任务将以文字符号的方式被文字书写者交接。或许荷马展示的就是从作为语言保护性的和语言创造性的言说姿态,到文字书写姿态的这种转向的典范[神话讲述者可能也吟唱(唱歌),所以文字符号的文字转向是将口语的多种维度缩小为一种维度,然后使其贫瘠化,这一点可以被我们感知到]。在文字符号被驱逐之后,将不再有精英去接受保存和丰富口语的任务,语言(如那些闲聊)被放任不管就会变得荒废。纵观目前的情况,如果将语言保护的任务交托于未来的非文字符号精英,那么这将是一种多么渺茫的希望啊!

一些特定的现象似乎预示着这种精英的培养。在这一现象中,有两点值得特别指出,即口语书籍磁带(书籍在磁带里被言说)和口语创作物(在磁带和唱片中的文学作品)。选择这两个例子,是因为它们说明了两种极端的情况。口语书籍是被大声朗读的文本,所以口语在此处是以由文字符号书写的文本为基础,而口语的创造物则明确地放弃任何对书写媒介的依赖。第一种事例作为一种过渡的临时措施可以被排除在这种思考之外。也就是说,如果人们再也不会书写任何书籍,那么口语书籍也就不复存在,无形象的交流可能只是一种不必要的信息贫乏。与此相反,第二个例子是具有考察价值的。此处,新的神话讲述者[迪伦·托马斯(Dylan Thomas)、俄罗斯人、巴西人、印度和非洲的"吟游诗人"等],似乎具有创造性的语言效果,并赋予口语已然失去的音乐维度。人们会认为，在唱片（磁带）被发明之前，语言创造性的活动从未像发行了数百万册的诗集一样快速并广泛地产生影响。但是，实际上这里的关键点是创造（Dichtung）吗？人们可能会从词源上解释这个词，即无论它是作为口述（Diktat），还是作为格言（Diktum），其中存在一些不同的东西与这种新的神话讲述方式相关联。

说磁带或唱片是过时的并不是因为录像记录的歌剧比唱片刻录的歌剧承载着更多的信息，而是因为与音响相比，图像与新出现的思维方式更为契合。因此，被磁带和唱片录制的创作物一定会被视频录像超越。这只是一个使它运行的机械装置的成本急剧下降的问题。那些仍在制作磁带和唱片的创作者会对录像进行编程，因为他们实际上不是"文艺创作者"（与语言相关的人），而是这种新的体验模型的创作者。现在，他们正为那些没有能力使用视频的人写作诗歌。他们的语言创作使用的是初次出现的技术，而且他们制作（及已经制作）的有关说话和唱歌的动态图像同时使用了语言与其他类型的视觉符号。正是出于这个原因，当前的口语诗歌如此具有正当性。由于如今的口语创造物具有创造性，所以口语性语言将使用新的符号。据此，其自身注定只能形成一种背景噪声。关于这一事实，我们可以借助有声电影加以认知。在有声电影中，音乐和（尤其是）言说发挥着一种辅助功能，如此，无声电影才被视为真正地使用了电影语言。

在后字母符号的情况中，保护语言的精英是不存在的。考虑所有这些情况时，人们进行了话语表达，而且这些话语中的很大一部分被前所未有地渗透了，但言语（就像今天的身体动作符号）仅仅发挥了传达支配性符号的辅助作用。这让我们可以假设：如果对想象都难以企及的"远距离"进行的言说一旦出现，那么之前丰富且具有创造性的身体动作就沦为辅助工具，此后，言说就如辅助动作一样被降级了。这使悲观主义变得具有了正当性。在将来,与言说相比,我们会像那不勒斯人一样,边说话边打手势。从"语言是宝贵的"观点来看,这是一种不幸。

9. 文艺创作:有关诗性的创造

在传统上,文艺创作①与模仿(分别对应着词语"poiesis"和"mimesis")是有区别的。鉴于字母表的主导地位及思维与语言的密切联系,"文艺创作"通常被理解为一种语言游戏,其策略是创造性地扩张语言的宇宙。这种宇宙是关于词语和句子的操作、语言功能的调节、词语及句子的意义游戏。在音素的韵律与节奏调节等的辅助之下,这个宇宙以文化创作的方式被深化并扩张了。从这个意义上来看,文艺创作是语言一次又一次涌现的源泉。事实上,在所有的文学作品中,不仅有文艺创作的文本,还有科学的、哲学的及政治的文本。其中,语言也犹如泉水般不断涌现。上述考虑表明,作为思维涌现的想法,文艺创作与模仿相对立,文艺创作将为人们以前未曾预见的道路指明方向,即在机械装置和与其对应的新符号的导入下开辟道路。这些图像将摆脱其模仿性、再现性的功能,从而变得富有创造性与诗性。这种创作的能力在如今的电影、视频录像及合成图像中清晰可见。然而,如果文艺创作

---

① 在德语中,"Dichtung"是口述意义上的文艺创作,如诗歌(大卫的诗篇和荷马的叙事诗),所以弗卢塞尔将其与文字性的"Literatur"(文学)作了区分。——译者注

9. 文艺创作：有关诗性的创造

只适用于语言游戏这一意义层面，对于文艺创作来说，它就无法进入新文化了，因为文艺创作与文字符号的书写捆绑在一起。

首先，乍一看，非文字符号的语言游戏似乎也存在。难道机械装置不能像图像和音乐一样玩弄语言吗？除了电子图像与电子音乐，电子文艺创作不也是存在的吗？在文艺创作的能力方面，试想那些能使机械装置执行某种语言自动调节的程序，它们可能具有远超字母符号的调节能力。这种程序化使文字符号的文艺创作从精英的捆绑和镣铐下被解救出来。除此之外，再考虑到字母符号的没落，它（程序化）将引导越来越有力和日益精致的言说。假如采用这种策略，那么我们可以期待如大卫的《诗篇》和荷马的叙事诗一般的新水平诗歌了，然后就可以为主（Herrn，上帝）奉献一首新的歌曲。

然而，诗歌作为一种语言游戏从字母表中分离出来并转移到电脑计算装置上的前提是，有人致力于更强大和更精致的语言，这是毋庸置疑的。这只是对前一章的质疑，因为如果一个人想要预见未来的文艺活动，就必须将文艺创作视为模仿的对立面，然后考虑文艺创作作为语言创造的特殊情况。

我们并非总能意识到自己在从事广义上的文艺创作，因为它几乎涵盖我们所能感知和体验的一切。文艺创作活动是体验模型的产出行为，而且如果没有这样的模型，我们就几乎无法感知任何东西。我们会变得迟钝麻木（我们依赖于我们萎缩的本能），并且我们无法看见，无法听见，也没有感情，从而跟跟跄跄。文艺创作者是我们的感知器官（Die Dichter sind unsere Wahrnehmungsorgane），我们以文艺创作者传达的模型为基础，去看、听、尝、闻。世界通过这种模型对我们作出指示，并彰显自己的存在。文艺创作者创造了这种模型，他们没有模仿任何东西。假如没有创造，没有在某些地方实施模型化，那么它只是在自然状态中"陌生化"地存在：如果我们看到了色彩，那么我们是以凡·高或柯达胶片为媒介进行观看的；如果我们听到了声音（音响），那么我们是以巴赫或摇滚乐为媒介去聆听的；如果我们尝到了味道，那么我们是以布里亚-萨瓦兰（Brillat-Savarin）或快餐为媒介进行品尝的。这种颜色、声音和味觉都是以其现在的模样而存在的，因为它们并非从自然状态走向我们，而是以文化的方式，即以诗性（poetisch）的方式，从某种无法感知的源头被加工出来的。

让我们尝试了解一下基于凡·高出现之前和之后，人们对颜色的感知不同这一假设的感知史，这将是一种关于审美和体验的历史。让我们以爱情的体验为例。

如今，我们能从好莱坞的爱情模型中认知爱情体验。这是基于吟游诗人的文艺创作，并从其中提炼出来的浪漫的文艺创作的爱情模型。在这种模型的背后，我们能再次发现基督教式的爱情模型，犹太人、希腊人的爱情模型，而且其根源最终可以追溯到前历史时代。在所谓的爱情模型的谱系中，我们可以发现柏拉图式的爱欲（platonischen Eros）、斯宾诺莎的知性之爱①（amorintellectualis）或尼采的命运之爱（Amorfati）等。这种历史性视角可以被归结为一种审美的达尔文主义（进化论）。我们自身的爱情体验与古代希腊人的爱情体验的关系，就像哺乳动物的耳朵与鱼类的腮的关系一样；我们对爱情的体验与古代

---

① 巴鲁赫·德·斯宾诺莎（Baruch de Spinoza，1632—1677），犹太人，近代西方哲学的三大理性主义者之一，与笛卡尔和莱布尼茨齐名。他的主要著作有《笛卡尔哲学原理》《神学政治论》《伦理学》《知性改进论》等。他认为，人类最高的境界是实现自由和爱：自由，不是外在的摆脱束缚，而是内心的解脱；爱，不是情感的冲动，而是对他人的关爱和理解。参见汪民安：《笛卡尔和斯宾诺莎的爱的观念》，《北京航空航天大学学报》（社会科学版）2022年第2期；谭鑫田：《用理性克制情感——斯宾诺莎的一个重要伦理思想》，《文史哲》1997年第6期。——译者注

墨西哥印第安人对爱情的体验的关系,就像哺乳动物的眼睛和昆虫眼睛的关系一样。好莱坞模型是任何线性发展的最终且最好的环节(审美帝国主义)的呈现。与过去的及"不发达的"所有文化相比,我们能够更好地感知(wahrnehmen)并体验(世界),而且我们感知到的是最真实的(das Wahrste)。

由于我们知道模型是如何被创造出来的,也知道诗歌是如何被创造出来的,即通过计算带有侵入噪声的此前的模型。因此,与之相对应的感知的历史就已经不再可行了。摆在我们面前的不是一个纵向分支的谱系,而是一个朝向四面八方扩展的扇状模型。在这些模型中,各个模型之间也存在交叉与连接。我们不应该谈论感知的进步,而是应该谈论感知的多样性;我们不应该谈论美学的历史,而应该谈论复杂的美学模式系统。实际上,目前只有少数体验(经验)模型支配(指导)着我们的生活。这一事实不能从历史的角度上得到阐释(或从政治角度解释为弱肉强食),而是应从控制论(人工智能)的角度加以阐释。

这并非佛教或中非的爱情模型(模式),而是好莱坞式的爱情模式对现在的爱情体验的渠道化(Kanäle),因为大众媒介的渠道是按照历史主义的、帝国主义的模式建构的。在克服这种模式以后,这些渠道需要以不同的方式被重新管理。假如我们将光缆导入大众媒介,那么大众媒介不但能传达好莱坞的爱情模型,还能传达中非的爱情模型。为了实现这种类型的转变,任何历史主义的革命(弱者对抗强者的起义)都不再被需要了。这种转变已然开始了,因为媒介需要根据它们的传播学(Kommunikologische)结构进行横向管理。正因为如此,到目前为止被压制的众多感知模型不断涌向我们的饮食渠道。我们感知事物的方式已经比前几代人复杂得多。不仅是我们的爱情生活,我们的色彩、声音及味觉体验也变得越来越复杂了。体验模型建构意义上的文艺创作已经展开了，为它们在不久的将来达到无法想象的维度做好了准备。我们已经无法想象在未来会感知和体验（经历）什么了。

刚才提到了带有声音（音响）的、运动的图像。显然，我们可以将口语纳入上述的讨论范畴。可以说，狭义的文艺创作，即作为语言游戏的文艺创作，也将由于声音图像形式的媒介介入而得到有力的发展。由此，我们可以期待的不仅是图像和音乐中的新的诗性创造力，还应该期待语言方面的新的诗性创造力。然而，如果我们以这种方式与字母符号分开，那么我们可能会失去在文艺创作中被珍视的一切积极价值。

字母符号的文艺创作者以字母为手段操纵词语与语言规则，以便为其他人创造体验模型。在这种情况下，他们认为应该有某种固有的、具体的体验（感觉、思想、愿望）渗透到语言中，并根据体验和被体验的位置使所有的人都能接触变化的语言。新的文艺创造者拥有机械装置，他们以数字的方式处理它们。在这种情况下，文艺创作者就不会这么天真了。新的文艺创作者为了将自己的体验以数字的方式程序化，就必须进行计算，并且需要分析体验的原子。也正是在这种计算中，他们需要确认自己的体验在多大程度上已经被其他人模型化了。新的文艺创作者认识到自己不再是具有"独创性的创作者"（Autor），而是语言排列者（Permutator[①]）。对他们而言，被操作的语言不再是自身内部积累的直接原材料，而是一个到达他手中以便于他排列的复杂系统。他对诗歌的态度不再是受灵感（启发）影响和直观地充满创造性的诗人的态度，而是信息提供者的态度。他依赖理论，而不再以体验（经验）的方

[①] 可以理解为"置换者"，即通过机械装置将文字符号（历史）转换为程序（基于数字符号组合的技术图像）。——译者注

式创作。他对文艺创作的信息性态度在很久之前就准备好了。比如，诗人马拉美①就以理论性和信息性的方式表达出了这种态度。也就是说，文艺创作的冷静的、计算的、精确的甚至是机械的尺度，在莎士比亚的许多十四行诗中，都清楚地体现出了其精确性。事实上，如果文艺创作是为了某种理论而放弃自身体验的、直观的态度的，那么可以说它是走向成熟的。然而，通过这种放弃字母符号的方式，文艺创作中的所有朴素性都将失去。由此，我们对缪斯之子的所有观念都可能让位于世人作为语言技术者（技师）的观念。文艺创作被亵渎（去神圣化）了。

然而，此处需要追加两种评论。首先，应该考虑从口语性的文艺创作到字母符号文化创作的转变。这种转向假设是在所谓的赫尔墨斯的形象（Gestalt Homers）中得到体现的。如果人们将使吟游诗人的灵感所陶醉的歌声与文字式的文艺创作者的字母操作比较，那么可以说，他们在当时的这种转向过程中也是将文艺创作去神圣化和技术化了。其次，计算性的文艺创作的冷酷性必须受到怀疑。新的文艺创作者坐在自己的电脑屏幕前，热切地期待着某种不在预料之中的词语和句子排列可以出现在屏幕上。他沉浸于某种创造性的陶醉状态，并且这种陶醉状态绝不逊色于（口语性）文艺创作者与语言斗争的激烈程度。每当某种技术障碍被克服时，观察者就会觉得技术占了上风。事实也证明，每次新技术的出现都能激发新的创意源泉。

因此，在信息化之后的文艺创作中，直观能力（Intuitive）仿佛会被计算取代。然而，这实际上是创造者意图的变化。字母符号的创作者的意图是按照先入为主的计划来改变语言规则与语言的总体内容

---

① 斯特芳·马拉美（Stéphane Mallarmé，1842—1898），法国象征主义诗人和散文家，代表作有《牧神的午后》《徜徉集》等。——译者注

(Sprach-repertoire)。要创作的诗歌是其内在愿景的前卫,他强迫语言适应这种内在的愿景。精于计算的创作者是将语言规则和语言的总体内容委托给序列(排列)的偶然游戏,而且他的意图是从这些偶然出现的计算中选择一种最适合的。这就是偶然与游戏意图的新维度,它能将新的文艺创作与字母符号的文艺创作区别开来。

因此,我们能试着在未来的某种语言游戏的意义中期待两种类型的文艺创作。一种是人工智能,它依据程序,在某种不会间断的脉络(流动)中不停地朗诵新诗,类似于人造的吟游诗人。另一种是提供信息的装置在某种序列游戏的帮助之下,使符号化的诗歌以令人窒息的速度通过图像画面,以字母符号或其他方式呈现在我们面前。也就是说,这是一种类似于埃利奥特[①]或里尔克[②]的装置。显然,它可以把吟游诗人与里尔克等诗人结合在一起。假设此时依旧存在对语言游戏有兴趣的人,那么他们在将来要直面多样化的感知和体验模型,图像和音响(声音)的形态充斥于社会,甚至多到无法想象。最终的问题是,我们是否应该继续使用一种只描述背景符号的语言来将自己的感知和体验模型化。因此,文艺创作性的创造力可能是非语言性的,并且部分地依旧集中于无法表征(再现)的符号上。这样的符号就不再能被读取,而只能尝试以其他的方式解密(解码)。关于阅读的未来,人们已经提出

---

① 托马斯·埃利奥特(Thomas Elyot,1490—1546)是文艺复兴时期英国的外交家、人文主义教育思想家,是意大利早期人文主义教育家维多里诺、卡斯底格朗和尼德兰人文主义教育家伊拉斯谟等人在英国的直接继承者之一,也是英国后来的人文主义教育家阿施堪等人的先导。埃利奥特的教育思想对英国近代唯物主义哲学家弗兰西斯·培根、哲学家和教育家洛克甚至斯宾塞等人都有一定的影响。——译者注

② 赖内·马利亚·里尔克(Rainer Maria Rilke,1875—1926),奥地利诗人。他出生于布拉格,早期的代表作为《生活与诗歌》(1894)、《梦幻》(1897)、《耶稣降临节》(1898)等,成熟期的代表作有《祈祷书》(1905)、《新诗集》(1907)、《新诗续集》(1908)和《杜伊诺哀歌》(1922)等。此外,里尔克还著有日记体长篇小说《马尔特记》。——译者注

一个无法藏匿的问题了。

按照字母符号顺序进行文艺创作的创作者以读者为目标来设定自己的创作物的行（诗行），他们正为那些需要阅读的人完善自己的经验模型——在读者能按照这种体验模型生活之前。这意味着，事实上以文字符号书写文章的文艺创作者首先倾向于成为批评家，而新的文艺创作者并不倾向于成为像批评家一样的接收者。新的文艺创作者希望他建构的模型被接收（empfangen）、修改（verändert），然后被转发（weitergesandt）。新的文艺创作者正参与着从上一代文艺创作者那里接收来的某个序列游戏，并将其再次传递给未来的文艺创作者。因此，传统意义上的所谓的批评，在未来就不会被提及了。

我们在期待文字符号书写及其最完美的终结形式时，最担心的是阅读，即批判性阅读的消亡。我们现在的担忧是，在未来，所有的讯息，特别是感知与体验模型，将以无批判的方式被无条件地接受，而且信息革命使人类成为以无批判的方式顺应信息的接收者，即以人工智能的方式毫无保留地接受信息，成为机器人。

10. 阅读方式:从传统阅读到电子化的新阅读

众所周知,健全的人类理智(Menschenverstand,常识)并非一定是正确的,它通常认为书写位于阅读之前,因为必须首先书写一些东西,然后人们才可以阅读。然而,这并不是正确的。早在文字发明之前,人们就已经开始阅读了(以豌豆种子为例①)。写作本身就是阅读的一种方式,即像挑拣豌豆一样从一堆文字中读出文字,以便串成行。在德语中,"阅读"(源自 lesen、legere、legein)的意思是"用嘴啄"甚至是"挑选"。这种行为(Tatigkeit)就是"甄别"(Elektion),能做出这一行为的能力(Fahigkeit)则是"智力"(Intelligenz)。同时,这种挑选的结果是"优雅"(Eleganz)和"精英"(Elite)的出现。书写者并非"最早的知识分子"(Intellektuellen,智者),而仅仅是历史时代特有的知识分子而已。他们比以前的人能更优雅地明辨(选择)。如果认为阅读在书写之前,选择在决策(或计算)之前②(也就是说在电脑化之前先进行计算),那么

---

① 这里指向动词"lesen"。这个词语具有"采摘、挑选"的含义,也具有"阅读"的意思。——译者注
② 选择在决策之前,即在计算前先做乘法(das Klauben dem Fädeln),也就是说在电脑化前先进行计算(also das Kalkulieren dem Komputieren)。这里使用了德国的一个成(转下页)

你就面临着被常识隐藏的困难。

　　智力是从一堆东西中进行挑选的能力。在皮毛里捉跳蚤是我们人类祖先预感能力的智能本质的体现。鸡群等也是具有智力能力的，它们从稻草堆中将谷粒挑选出来。前文写过，书写者是具有羽毛的飞禽，他们有羽毛且会啄食（阅读）。我们以两种方式挑选（啄食），然后（在知道啄的是什么的时候）根据标准（Kriterien）挑选，否则就会随机挑选。第一种方式被称为"批评"（Kritik），第二种方式是所谓"阅读"的意思，在英语里表述为"to read"。鸡群遵守着标准，即它们以"能吃/不能吃"的标准来挑选食物（啄食）。然而，那些挑选出来的标准，从鸡群的情况来看，是对书写的一种妨碍，因为它们只是将谷粒（并没将它们串起来）吃掉而已。与此相反，我们人类祖先的预感能力是能将挑出来的跳蚤（并不是将它们抓住去吃）排列起来的。我们祖先的预感能力是将石头并排，这意味着与书写相比，批判性思维在更前面。这令人感到不舒服。那些持书写带来了存在并促进了有批判能力的人出现（这也是本书的一个观点）之观点的人，在对照上文提到的鸡群形态时，就应该修正自己的观点了。

　　并非所有的东西都能被挑选出来，有些东西是无法挑选（无法解读）的。然而，在将来，为了将所有的东西都挑选出来，就应该存在能啄食的嘴（喙）。在这种情况下，重要的是嘴的锋利程度，科学正为了将嘴（喙）变得更锋利而逐渐打磨它们。然而，假如我们试图用这种方式来解决科学的认识论问题，那么就会招致怀疑。喙应该会啄食，以便于挑

（接上页）语，分别指"手工计算"（如使用算盘等计算方式）和"电脑化计算"，其目的在于比较手工计算与电脑化计算的差异，暗示电脑化带来了效率的提升。但是，在面对复杂问题时，电脑也会受算法与预设的影响而无法完全地解决深层次的问题，这些问题则可能被遮蔽了。——译者注

选。假如喙逐渐变得精巧化,那么谷物也会逐渐变得越来越小,直至它小到再也无法被挑选。因此,如果科学将所有(那些再也无法被挑选出来的)东西以谷粒的方式进行计算、测定,那么世界就再次变得无法解读了。这种批判是先于阅读的,并且使阅读成为可能。这使得批判变得过于精细,从而使人们回避了阅读。这是令人十分不舒服的,它使人们无法解密。也就是说,"秘密"似乎看起来是一个很好的评价——虽然至少在康德以来,我们将批判能力视为人类尊严的根本源泉。

批判性阅读(如鸡群如何区分谷粒和沙砾)是进行价值评价,如谷物是好的东西,沙砾是不好的东西。假如"解释"(interpretieren)与"评价"(pretium,价格及/或价值)相关,那么鸡群也可以阐释。对批判性阅读来说,它与"解谜"(to read)形成对比。这里的重要之处并非偶尔发现的有关谷物的俗语中出现的瞎眼鸡的挑选行为,相反,这是从根本上拒绝了一切价值评价的阅读方法。科学声称是以这种(拒绝价值评价的)方式阅读的。根据这一说法,在科学上,谷粒与沙砾具有相同的价值,两种颗粒应该以相同的方式被挑选。同时,科学进一步声称,解谜性阅读标准比批判性阅读有所进步。我们或许能基于克服价值评价与解密训练而从中认识到阅读的完善过程。将依据自身而进行(被阅读)现象阐释的文化科学(拒绝解读自身所读到的文化现象)与自然科学进行比较就会发现,它是一种未完成的科学。这也是令人不舒服的,因为这使人觉得批判能力(它与人类的尊严无关)更像存在于鸡身上,而不是存在于人类自身,因为这让我们觉得自己必须接受自然科学家的主张。

也就是说,"原始的"(ursprüngliche)人类什么都吃。人类将所有的东西在身边围成一个圈,并指向自己的内部,一边阐释一边挑选。他珍视树木和梦想,星星和咖啡渣(Kaffeesatz),鸟类的飞行和自身的肝脏等所有东西，并赞美它们。此后，他虽然犹豫不决，但他一步步地学习阅读，从而解开谜语。他逐渐将一切价值特征从现象中分离出来，取而代之的是，他给需要挑选的颗粒赋予一个远离价值自由的密码。但实际上，这种远离价值特征的进步是从世界的表面出发，逐渐走进世界的中心，走向阅读者本身的。首先，价值特征从宝石和星星中脱落，所以第一个从价值中解脱出来（变得无价值）的是力学与天文学；然后，我们发现随着颗粒的去政治化，化学、生物学、社会学、心理学等形态越来越接近人类；最终，从谜语的解答等相同的价值中解放的自由的阅读进入我们的思维、情感和充满渴求的最隐秘的部分。同时，在这里，所有的价值和阐释行为都被驱逐了。解谜的僵硬的科学将所有软弱的解释从阅读世界中剔除了，因为在一个价值自由的世界里，没有什么是可被批判的。如今，没有人是圣洁的，也没有人是罪恶的。如果我们可以从他们身上推断出他们是圣洁和/或（und/oder）犯罪的，这是因为他们在焚风①（Föhn）的影响下行事和/或因为他们无法与母亲睡觉。

如果现在解谜的阅读（rätselratende Lesen）是唯一正确的阅读，如果所有阐释并带有评价的阅读是原始的，并且被视为与鸡具有相同种类的阅读，那么我们就能将阅读交托于人工智能。与我们相比，人工智能进行的是与鸡一样的阅读，它们不会像我们那样胆小，也不会陷入价值评价，它们只会更坚强。对人类而言，我们可以阅读，也可以不阅读，我们可以放弃阅读与对阅读的学习，而且除了阅读，我们还可以放弃书写——我们能放弃这种发挥缝合和连接作用的阅读方式②。

---

① 指一种特定类型的暖风，主要出现于阿尔卑斯山脉地区。在本书的英文版中，该词被译为"ill wind"，通常指带来坏运气或带来不幸的风。——译者注
② 参见［巴西］威廉·弗卢塞尔：《表象的礼赞：媒介现象学》，［德］斯特凡·博尔曼编，周海宁、许凌波、周轩译，复旦大学出版社 2023 年版，"贯穿"一章。——译者注

批判性阅读到底能否从解谜的阅读中被区分出来呢？假设我们就站在一个要被挑选的谷堆前面，批判性阅读则是挑选好的谷粒，直到剩下的不好的谷粒形成一堆。在解谜的阅读中，不存在好的谷粒与坏的谷粒。然而，这种挑选方式必选取一些谷粒，而另一些则必须被保留。即使是解谜般的挑选方式，它最终也要在两种谷堆面前选择。例如，它们分别是大的谷物堆和小的谷物堆。所谓的"大/小"虽然不是价值（只是数量），也不是价值表征（它们是数字），但必须存在一个用以区分大和小的标准。实际上，这样的标准是存在的，它被称为"尺度"（Maßstab）。一颗谷粒，当与某种尺度的关系进行对比时，它就能被区分出小或大，而这种尺度就成了度量衡。换言之，一个零点刻度被表征出来，并且从此处，所有剩余的点都被记录下来。一颗谷粒，有时候是大的，有时候是小的，这取决于它与零点刻度的间隔。因此，推测谜题的阅读被揭示为忠实于一个伪装的标准，即它的标准就是某个零点。那些严格的科学并非价值自由的（没有价值），而是其所有的价值在与某个绝对零点的关系中被相对化了。在这些科学中，一颗谷粒"本身"（an und für sich）是大（或好或美丽）的说法不再具有意义，但必须说它是相对较大的。

据此，关注的焦点就转移到这种绝对零点（absoluten Nullpunkt）上来。通过为这种零点赋予某种积极的名字，我们可以探究一下隐藏在严格的科学测定背后的动机。假设我们将这样的零点称为"真理"（Wahrheit），这一真理则是"零"点，因为它意味着永远无法到达的极端位置，所以它是空虚的。在这一语境中，对这些含义绞尽脑汁、费尽心思是完全没有必要的。无论"真理"最终揭示的是什么，我们自己最终揭示的是什么，或者我们最终试图通过使喙适应谷物堆（adaequatio intellectus ad rem）来实现的东西是什么，它们总是一个无法达到的极限。推测谜题的目的是接近这种边缘情况，哲学家卡尔·波普尔①将此称为"证伪"（falsifizieren）。也就是说，我们在最终的瞬间（达到时间的终结处），直到只有"真的"颗粒剩下为止，"假的"谷粒都已经从谷物堆里被挑选出来。进而言之，真理虽然是无法到达的，但无论以什么方式，我们从一开始就要具有真理，否则我们无法辨别"假的"谷粒，并从谷堆中将它们挑选出来。解谜的阅读依然与忠实于标准的阅读一样，是"原始的""根源的"揭露。换而言之，这就像鸡群一样，那些科学家也从一开始就知道应该挑选怎样的谷粒。

此处的关键是牛顿所说的"我并没有构思任何假说"（hypotheses non fingo）。所谓的"构思"（fingere），实际上与"虚构"（Fiktion）、"比喻"（Figur）、"计策"（Finte）三个词相关联。牛顿的意思是，他的假说并不是虚构的。然而，他认为自己的那些假说在终极上是辅助性比喻，为的是捕捉真理。例如，语言、假设法、讽刺、比较和暗喻是一样的，无法否认的事实是，它们都是一些计策。解谜式的阅读方式否定了某些预先设定的价值观，尽管如此，它仍然具有一种虚构属性。这也是为什么达·芬奇提到过"本质的幻想"（fantasia essata）。

科学的主张是站不住脚的，所以解密的阅读方法忠实于伪装标准（verkappte kriteriöse）的阅读，但它不仅评估科学，也对艺术和政治进行价值评价。科学、艺术和价值一样，都是虚构的。越来越明显的是，试图区分科学、艺术、政治是没有任何意义的。在科学中，不仅是政治

---

① 卡尔·波普尔（Karl Popper，1902—1994）出生于奥地利维也纳的一个犹太裔家庭，毕业于维也纳大学，1928年获得哲学博士学位。1937年，纳粹主义势力抬头，他移民至新西兰，后于1946年迁居英国，并在1949年获得教授职衔。波普尔是批判理性主义的创始人，著有《历史决定论的贫困》《开放社会及其敌人》《科学发现的逻辑》《波普尔自传：无尽的探索》《开放的宇宙》《二十世纪的教训》等。——译者注

的、规范性的因素在发挥作用,想象的、人工的、诗性的因素也发挥着作用。同时,在艺术与政治领域也一直存在对真理的探索,这一点是必须被肯定的。我们应该知道,在未来,价值自由的阅读(科学)与阐释的阅读(艺术与政治)的区分将被扬弃。我们在里尔克的书中能读到的是,人们越是善于区分,就越是容易犯错。因此,如果我们铭记以上的观点,我们就可以期待惊喜。如果科学、艺术和政治能结合成一种统一的解读,它将能揭示世界和我们自己以前无法想象的事情。

科学、艺术与政治的这种结合再也无法避免。此处指的是,在未来,我们将无法区分虚构和非虚构。如果科学暴露出自己无非就是虚构的,那么谈论"真实的现实"就失去了意义。也就是说,具有"现实性"的东西正是那些虚构的作品教给我们的。这或许就是尼采主张的"艺术优于真理"(Kunst sei besser als Wahrheit)的含义吧。我们所说的批判能力这个概念似乎意味着对虚构与现实的区分。假如解谜式阅读被证明是忠实于伪装的标准阅读,那么批判能力就将消失。因此,如果我们退到批判性阅读之后,我们就再也无法批判。所有批判性阅读的基础都是无法被批判的信念,这一点变得更加明确了。

鸡群相信谷粒是好的,科学正使这种信念变得相对化。也就是说,从食物的观点来看,谷粒是好的东西(从沙石场的视角来看,沙砾也是好的)。这些观点都是一种科学的信念,即基于现实与价值无关的科学信念。当我们批判这些信念时,我们可以肯定,现实就是我们所相信的那个样子。第三种信念已经不能再接受批评了,因为我们知道,如果要批判这一信念,就必须引入其他的信念。一个人只有依据某种信念才能进行解读(阅读),如果没有这种信念,那么就什么也无法批判,什么也无法解读了。如果我们丢掉了这种无法被批判(无可指责)的信念,那么我们的批判行为与阅读能力也就都随之丧失了,学习阅读和书写也就没有任何意义，值得被阅读和被书写的东西也就不复存在了。

　　解谜式阅读，正如上文所述，是作为对科学进行阐释的批判性阅读的替代方案。事实证明，它是变相的批判性阅读。这动摇了阅读的基础，即动摇了可读性（无条件破译）的信念。然而，我们有可能从这种阅读的危机中完整地推导出其他阅读方式，并在未来持续地阅读。迄今为止，"阅读"是以某种解谜方式而被理解的。维特根斯坦曾说，奥秘是不可能存在的。他是正确的。在丧失信念以后，我们实际上就无法辨认世界上和我们内部需要阅读并解开的奥秘。然而，我们也可以将"阅读"翻译成"推断"（erraten），并且我们可以使用"拼图"（puzzle），而不是"谜题"（Rätsel）。也就是说，这意味着一种组合游戏。因此，"阅读"是对颗粒这样的东西进行挑选和组合，目的是得出一些有意义的东西。这种新的阅读现在正在出现并开始成形，它被称为"计算"（电脑化的运算）。

　　我们认为世界与人类自身是没有任何意义的（荒谬的），并且我们能将世界与自身分解成谷粒，目的是以某种有意义的方式组合这些谷粒（拼凑成有意义的东西）。可分解性是这种阅读方式的特征。推断（猜测）的阅读是赋予某种没有意义的"原始文本"（Urtext）以意义。在这种情况下，重要的是意义向量（Bedeutungsvektoren）的翻转。也就是说，读者不是从所读的内容中抽取意义，而是赋予阅读内容以意义。对这种新型读者（及人工智能）来说，在彼处的外部和此处的内部，不存在任何符号，其背后什么都没有（Nichts steht dahinter）。需要挑选和被组合的马赛克（它们从彼处的外部和此处的内部所拥有的微粒子中被解读出来，如合成性画面）旨在为所有的这些无意义投射意义。这些马赛克既是虚构、比喻和计策，也是所有的现实，即它们都是我们在放弃过时的阅读后所必须生活于其中的现实。同时，我们在这种现实中，在放弃了陈旧的阅读方式以后,也要继续生活下去。

据此,所有的批判都达到了其根本目的,所以启蒙主义取得了完全的胜利。再也没有值得被批判和被启蒙的东西了,一切都变得清晰,尤其是整体的标准,而且很明显的是,所有的价值观和衡量标准都变成"意识形态性"(ideologisch)的,在可读的事物(现象)背后没有任何东西。完全启蒙的意识(开悟的意识)就不再需要"智能"来读取任何东西了。启蒙意识致力于从事创造性阅读(schöpferisches Zusammenlesen)。在从陈旧的阅读方式中转向这种新的阅读方式的过程中,重要的是意识从历史的、价值评价(判断)的、政治的意识飞跃为控制论的(kybernetisches)、赋予意义的(sinngebendes)、游戏的(spielerisches)意识。今后,我们也会带着这种意识去阅读。

11. 解码：书写与阅读的新隐忧

"Ziffer"（密码）这个词语源于阿拉伯语"Sifr"（空）。"Chiffre"（数字）和"Zero"（零）等词语也都由它派生而来。对我们而言，数字（特别是0）的引入是阿拉伯人的功劳。我们不需要了解结论，也知道数字是所谓的"空的容器"（leere Behälter），即用来从某处提取（筛选）的集合。例如，符号"2"是一个空容器，用于从两个（成对）事物中筛选、分离对象；符号"a"是一个空容器，用于从声音集合中筛选、分离特定的发音。符号"2"和"a"的差异仅在于它们是从哪里被提取（筛选）的。也就是说，符号"2"是从观念（概念）的集合中被筛选出来的（它是一个表意文字），符号"a"则是从发音的集合中被筛选出来的。文字材料（Schriftstücke）或文本是密码的排列。在这种情况下，暗号是所谓的字母或其他的文字记号。同时，阅读它们的过程就是解密的过程，即从密码中筛选出嵌入的集合（它们的内容）。书写是以密码为手段筛选内容，阅读则是对如此筛选出来的东西进行再次筛选——这就是加密和解密的意思。在这个过程中体现出的是一种唯名论观点，认为典型、普遍的范畴就单纯地是一种惯习（约定俗成的），而且认为可以将颗粒随意地筛选并聚集到任何形态的容器之内。这些密码只是便捷的容器。

持这种见解的问题（也许可以说它）在被"实在论"支配了数百年之后再次出现了。这在前文已经论述过。

密码并不是像勺子或杯子一样被随随便便地放在我们的周围，而是按照系统排列的，因为实际上在提取（筛选）谷粒时，要考虑为特定的谷物类型提供特殊的容器。也就是说，颗粒的筛选是一个重要的问题。然而，这些密码系统有自己的规则，而且这些规则规定了密码之间的关系。我们将这种系统称为"符号"（Code），如有关字母和阿拉伯数字的符号。同时，当这两种符号被结合时，字母-数字符号出现了。"符号"这个词语源于拉丁语"caudex"，意思是"树干"。与此相同的是，"书籍"（Buch）这个词语也源于词语"山毛榉树"。字母是符号的密码。

我们在阅读文本之前必须知道它使用了哪种符号。在破译文本之前，我们必须对符号进行解码。这并不总是很容易。例如，在拉斯科洞窟的前历史时代的岩壁画周围，那些拼写下来的晦涩字体只有在电脑的帮助下才能被认定为符号；在里约热内卢的山上，由于雨水作用而遗留下来的痕迹，在很长时间内都被视为一种符号（被认作腓尼基人的字母）。假如一个来到地球的火星人可以根据任何给定现象中不规则分布的密码的奇怪规律（也就是说在信息论的帮助下）得出结论，那么可以说他正在处理某种编码信息。电脑就是这种坠落到地球上的火星人。解读象形文字符号的专家商博良①就如"文字的表面含义"那样，是电脑般的存在（人）。然而，在日常的阅读中，我们并不需要这一切。我们已经把解码字母-数字符号的钥匙放在了书包里。我们可以将重点

---

① 让-弗朗索瓦·商博良（Jean-François Champollion，1790—1832），法国历史学家、语言学家，是第一位破解古埃及象形文字结构并破译罗塞塔石碑的学者，被誉为"埃及学之父"，其代表作品有《埃及语语法》和《埃及语词典》。——译者注

11. 解码：书写与阅读的新隐忧

放在解密文本上。

解码是从容器中提取内容的过程，是将编码者放入其中的内容（密码）折叠起来，又重新展开。这不是在单个密码的维度中产生的，而是在编码（符号化）消息的所有维度中产生的。如果这些内容（如赫拉克利特的短篇、尼采的箴言集、维特根斯坦的《逻辑哲学论》）被强烈地折叠起来，那么解码就是一个费力的任务。然而，在解码时，我们的眼睛通常会沿着文字的行移动，轻松地提取密码内容，更糟糕的是，我们可能会被编码者误导。编码者可以将"O"加密为"A"，而且他也可能会撒谎。如果我们仔细解码，就能发现其中的陷阱。这表明存在不同的解密方式，即至少存在小心观察、匆忙浏览及以怀疑的视线探寻等解码方法。我们称第一种解读方式为"评论解读法"，第二种解读方式为"遵从（顺从）解读法"，第三种解读方式为"批判解读法"。当然，在这种情况下，我们必须意识到，所有的解码都是以读者的某种批判态度为前提的。也就是说，阅读者需要具有标准，并且他必须按照这一标准来识别密码本身，然后才能开始解读（解码）。在这里，如果我们探寻的解码被称为"批判解码"，那是因为在解码的过程中，这种方法具有批判性特征。

这些文本是为了解码者而书写的。书写者将自己的手向他人展开，以达到另一个解码者那里。书写的政治性姿态不仅要打动人类本身，还要打动解码者。因此，根据上述所说的范畴对文章阅读与书写进行分离，那么解码与编码、阅读与书写也就应该被划分。也就是说，有些文本的意图就是被他人评论，其他文本应该被遵循，而另一些则应该被批评。没有多少类别能比上述类别更好地对文学进行分类了。但事实上，这些类别很少被应用，因为它们是从作者的角度而非读者的角度对待文学的。

读者可以合理地忽略或怀疑作者的意图,他可以选择遵循要求注释(Kommentar,评论)的文本(如科学文本),或遵循要求批评的文本(如文艺创作的诗歌),又或者他可以完全批评所有类型的文本。如果他的文本未被阅读,或许更甚,如果他的文本被错误地解密,那么书写的一个悲剧性方面就会显现出来,作者会感到被逼入绝境。这是让他对文本的命运感到恐惧和战栗的原因。然而,这也是让他感到无力关心的原因,因为他除了被动地等待其文本找到正确的解码者之外,别无他法。在书写中尤为明显的是,这是被提到的主体间性(相互主体性)中的一个观点。

一、评论(Kommentieren)

词语"Kommentieren"中的"mens"这一音节在德语中变为词语"思考"。从这一点来看,它的含义是"一起思考"。然而,在德语中,上述的"mens"就缺少了"mind"或"mente"所意指的"心智"的概念。这样的评论与书写的姿态相符合,即书写的姿态是生产半成品的姿态,是需要由读者继续完成的,进而言之,也就是需要被评论。读者与书写者一起思考,目的是将书写者思考的东西推理到底,为了能把文本的行延伸到最后。《圣经》为评论性阅读提供了一个明确的例子,《塔木德》就更是令人印象深刻。在《塔木德》的页面上就直接并排罗列着评论(注释),就像外审员的评论包围着《圣经》文本一样,《塔木德》的一页是某一文本的可视化命运。然而,这样的例子具有的也是一种陈旧的评论功能,显示了文本消息的世俗化(广泛传播)。《圣经》中的"当记念安息日,守为圣日"(这已经被翻译为世俗的词语了)因为需要频繁且持久地被评论,所以其内容已经干枯而被损耗殆尽了。文本被人们扭曲,并经人们的嘴流传开来。这也是书写策略的一个方面,人们书写就是为了被评论的，而且一旦这个策略获得成功，人们写作的东西就会逐渐被腐蚀为平凡之物。

二、遵循（Befolgen）

从根本上来说，只有传递行为模型（Soll-Propositionen，当为性命题）的文本才有意图被遵循。规定的问题在于，一方面，所有的当为性命题都可能被翻译成命题"假如……，那么就……"（Wenn/Dann-Propositionen）；另一方面，无论是指示性的认知模型（indikative Erkenntnismodelle）还是选择性的体验模型（optative Erlebnismodelle），所有的陈述（Aussagen）都具有一个隐藏的（verborgenen）当为性本质（核心）。例如，指示性陈述"地球绕太阳旋转"和"太阳绕地球旋转"具有某种强烈的当为性本质。众所周知，为了这种当为性的本质，有人用生命进行斗争（如中世纪末的哲学家乔尔丹诺·布鲁诺①）。一个文本作为一个当为性命题，是否编码或解码至少取决于读者的意图，就像取决于作者的意图一样。科学文本如何根据"科学"进行解码而转变为行为模型，这确实是可笑的。这种遵循性的阅读将科学家变成权威者（Autorität），这并非其本意，而是源于以行的形式形成的文本结构。眼睛必须根据行来发挥功能，即如果眼睛想要接收信息，无论有意或无意，所有的书写者都要成为创造性的原作者（Autor）或权威者。对于文本的忠实性，与此类似的欺瞒形态的奴性，自然能归结为危险的畸形性，因为不仅是

---

① 乔尔丹诺·布鲁诺（Giordano Bruno，1548—1600），文艺复兴时期意大利的思想家、自然科学家、哲学家和文学家。作为思想自由的象征，他鼓舞了16世纪欧洲的自由运动，成为西方思想史上的一个重要人物。他勇敢地捍卫和发展了哥白尼（Copernicus）的太阳中心说，并把它传遍欧洲，被世人誉为反教会、反经院哲学的无畏战士，是捍卫真理的殉葬者。由于他批判经院哲学和神学，反对地心说，宣传日心说和宇宙观、宗教哲学，1592年被捕入狱，最后被宗教裁判判为"异端"。1600年2月17日，他被烧死在罗马鲜花广场。——译者注

匆忙地浏览，就连沿着行慢慢地爬行（阅读）也意味着忠实地解码文本。在这种情况下，读者可能会失去除了字母维度（字面意义）的所有其他文本维度。对字母（Buchstaben）的忠诚（如众多犹太教神秘主义的派别和某些宗教性、政治性倾向）展示的是遵循阅读的极端局限性，即它显示了文本崇拜作为所有书写本身的危险。从这一点来看，任何害怕图像极权主义（Bilder-totalismus）的人，也应该担忧这种致命的文本极权主义（Shrift-totalismus）。

三、批判（Kritisieren）

"批判"（Kritik）这个词语与"犯罪"（Kriminalität）一词分别源于希腊语"krinein"和拉丁语"cernere"，具有"砸碎、破裂"（auseinanderbrechen）和"违反、犯罪"（verbrechen）意义上的"打碎"（brechen）的含义。对于这种类似的双重意义，我们至少是在启蒙主义（特别是康德）以来才知道的，因为从那时起，从批判的层面来看被批判，以及在被批判的层面来看批判，都被视为犯罪（verbrecherisch）。带有批判性地阅读某些文本的人会将书写者视作罪犯，并将他们当作对象。整个事情都沉浸在某种犯罪的氛围中。读者可以成为侦探或杀人者，而（如在众多犯罪小说中一样）侦探本身也可以是罪犯。书写文章的人常常是犯罪者，因为他有意无意地常常说些谎言。批判性读者常常会走向"行"的反面，进而渗透到书写者的内部、其文本内部、其无意识阅读中，从而追溯犯罪痕迹。因此，批判性读者最终会发现，被书写者视为真理的那个东西，事实上只是一种阶级意识形态、一个伪装的升华之物（Sublimation），否则就会发现一个能被客观地证明的偏见。此外，以批判的方式阅读的读者也会发现书写者有意地说了谎。这种类似方式的解码在报纸文本中特别有效，报纸文本将遵循性的和非批判性的阅读纳入计算。因此，他们也就有可能说谎了。批判性阅读的读者通常是犯罪者，因为面对书写者向他张开的臂膀，他没有像兄弟一般多情地迎上去。相反，他试图将胳膊向反方向抬起，从而与书写者相撞，并试图从书写者内部（内心）将其一点一点地撕成碎片。然而，众多的书写者却追求这种类似的批判，因为只有这样的批判才能将书写的过程和在书写者内心发生的事情明确地显露出来。最理想的是那些书写者，他们同时被评论（注释）和评判着。但这是不可能的，因为评论是从文本出发的，批判则是贯穿于文本，并渗透进（侵入）文本内部。启蒙主义的历史仿佛就能以这种渗透获得发展。也就是说，首先，启蒙主义是对抗着文本而前进的（如康德的情况是对抗科学的、哲学的文本，卢梭的情况则是对抗着政治的、美学的文本）；其次，进入书写者的内心（如马克思的意识形态批判与弗洛伊德的心理分析）；最后，如法兰克福学派的情况，以谎言为手段，在所有谎言的自暴自弃式的大屠杀中终结。从这个意义来看，批判主义，即启蒙主义，也能被视为成功、圆满地终结了。所有的文本（包含批判性文本）都能被批判地解读，并且所有的"行"都能反抗自身，就像怪物乌洛波洛斯①衔住自己的尾巴一样。

书写主要出于两个基本动机：一种是私人动机（将自己的思考秩序化）；另一种是政治动机（向其他人提供信息，andere informieren）。现在的人熟知这种类似的动机，已经得到了充分启蒙。思考的秩序化是一种机械的过程，可以被视为文字的排列（书写的秩序化）。此外，它也能被交托于人工智能。面对书写出来（只限于读者发现）的文章的读者

---

① 乌洛波洛斯是古希腊神话中围住整个世界的大蛇，它用嘴咬住自己的尾巴，形似圆环或"8"，象征着宇宙的统一，具有"永生""完全""无限大""循环"等意味。——译者注

是评论者（一边分析文章，一边谈论文章）、追随者（使自己就像客体一样服从于书写的人）或批判者（将书写的人一点点地撕碎）。因此，许多书写者体验到了写作的荒谬感。这种感觉如芒在背并非仅因外部事实，如文本膨胀和更合适的符号的出现。更重要的是，这是书写作为一种承诺（Engagement）和表达姿态的意识的结果。书写不仅要关注文化场景（Kulturszene），更重要的是审视自己。书写者们可以看到，属于自己的时刻已经到来。

这段文字表达了一种对于书写的悲观情绪。我为书写的没落进行辩护，而且我在打字时尝试做两件事，即整理自己有关书写没落的思想，并将其分享给他人。但我同时意识到，自己在整理思想的过程中可能犯下了错误。这些错误如果程序化到计算机中是可以被消除的。我还确信，自己的文本是如何被阅读的（如果在文本膨胀的情况下它们依然能被读者阅读），即它们会被误解、被忽略，或者会显示出我有意或无意的谎言。这种情况适用于上面提到的乌洛波洛斯的例子。尽管如此，我还是将文章书写了下来。这种"尽管如此"的态度成为我当前写就的所有文本的隐性标题。

那么，为什么书写的人会自怨自艾呢？他们在成为作者之前，首先要成为读者。最终，这表明阅读不仅在存在论上优先于书写，而且在传记（biografisch）上也是如此。被写下来的所有东西是对迅速的和批判性阅读文本的评论的解答，因为读者以多样化的方式绞尽脑汁地吞噬（verschlingt）文本。假如书写者作为读者吞噬了其他人的作品，那么这位书写者在某个时候已经被启蒙，即已经在书写的行为中将自己的文本吞噬了。这也就不足为奇了，因为书写者已经学会如何解译自己的编码，剩下的也就只有空空如也的容器而已。一旦我们知道自己在书写时只是在"画零"（Nullen zeichnen），那么"密码"（cipher）这一词语就能够赢回自己本初的无意义了。

在这样一个零点上,对书写和阅读的担忧是无法停止的。如果这种方法无法前进,那么人们就必须尝试以另一种方式来应对。

12. 书籍：关于历史自由的承诺与消失

对文字进行 meta 式思考的文字,即"元文字",虽然并非我们的本意,但得出的结论将是书写可能会终结。它指向多样化的方向,而最终汇集成这一结论,其依据是存在的。相互结合并汇总起来的根据存在于一种新意识(neues Bewußtsein)的形成过程。也就是说,这种新意识发展了非字母-数字符号(nicht-alphanumerische Codes)以表达和传播自己,而且它已经洞悉书写姿态的荒谬,所以急于从中解放出来。此时,文本提出了一个问题,即这种并非本意而得出的结论是否为不可避免的,或者说它是否有可能从这个结论中挣脱出来。实际上,我们更为担忧的是,随着书写的终结,批判性的思维能力也可能会消失。无论这种担忧是否有根据(无论我们对继续书写的承诺是否合理,批判是否与书写相关,又或者批判是否为一种可取的思维方式),这个动机足够强大,并可以引导我们走向一种新的思维方式。现在,我们的思维不再是关于书写的姿态,而是关于所写内容的具体现实。

如果文字被扬弃,那么我们周遭就只剩下包装纸了,而其他所有种类的纸张都将不复存在。被思乡之情吸引的纸质原料的纤维素将回归原产地,树林会再绿,芦苇也不仅出现在尼罗河边,还会在清晨地球上所有的河岸边随风摇曳。像我们这样的书虫,即像白蚁一样专吃纸张的存在,不会害怕这种绿色的乌托邦(grünen Utopie)吗?

当然,除了图书馆,还会存在很多与图书馆不同但更好的人工记忆(künstliche Gedächtnisse)的装置。到目前为止,图书馆中保存的东西都会被转移到这种新的记忆装置中。《不列颠百科全书》(*Encyclopaedia Britannica*)的内容在记忆装置中占据着不到1立方米的空间,而且其中包含的所有信息都可以在眨眼之间通过键盘立即获取。能使所有被调用的信息都呈现为带有语音的图像(图像)的机械装置将会出现,它们将从多个角度自动检索信息,然后最终得出结论。所有的这些搜索和推导都将得到自动的再反馈,并被输入1平方厘米的百科全书中。这种百科全书自己会自动增殖,虽然有自我复制的内容,但这些信息在人工的记忆装置中仅占极小的一部分。这种图像就像绿色的森林与随风摇曳的芦苇,它们不会令我们恐惧,而是让我们变得更幸福快乐。

然而,一方面是这种高度自动化且功能强大的记忆装置,另一方面对依存于纸张的我们来说,绿色的树林仅仅是郊游的场所,而非居住的场所。我们居住于纸张之上,并且对此十分习惯。我们习以为常,并认为它是寻常的,甚至是普通的,所以我们将其神圣化,以便自己可以在普通性下感受它。以《圣经》为例,"圣经"(Bibel)这个词源于希腊语"比布罗斯"(byblos)。这与希腊语中"纸莎草"(papyros)的发音相同。所以几千年以来,我们反复咀嚼着纸张,直到这些纸浆被我们的唾液渗透,成为我们存在的一部分为止。如果没有纸张,我们都不知道自己能否正确地存在,说不定我们无法操作人工智能的记忆装置,也不能前往有绿色森林的大地去郊游。对我们来说,纸张是吸取我们所有体验和认知的基石。这些基石是否为人工性记忆装置这一冒险性新符号,或者是否为树林的绿色光点，都是无关紧要的。那些无法写在纸张上的东西对我们来说（它们什么都不是）成了意识的对象。纸张是我们的家园，尽管它像汹涌的海浪，仿佛要将我们吞没般威胁着我们。因此，可以说信息革命不仅挽救了森林，也拯救了我们自己，使我们免受纸张洪水的威胁。但是，我们毕竟是书虫，我们正在吞噬自己的东西，因为我们以书为生，为了书而活。

书籍可以被视作从森林走向人工智能领域的过渡阶段。书籍始终是一片森林。"书籍"是树的名字（Baumname），"Liber"是书皮，源自希腊语"lepis"（外壳）。这个词语再次从古希腊语"lep"（剥皮）中派生出来。因此，书籍是从森林中被剥离出来的，并且森林的树叶子正在窃窃私语。但是，书籍已然成为人工智能的一部分，因为它成了人工智能的一个储存装置，并包含来自比特（字母）的计算信息。虽然我们很快就会知道这一点，但书籍展示的是，如果我们要到达人工智能的记忆装置，就必须将书籍贯通（尽管这种贯通仿佛需要数千年的时间）。然而，我们完全没有这样看待书籍。

我们不看书籍的过去，不看书籍是怎样从埃及的芦苇叶中被剥离出来，进而发展成纸莎草、羊皮纸、纸屑的，即我们不看书籍最终是如何展开、折叠及被装订成1立方厘米大小的，因为这种方式的观察仅为我们展示了书的背脊（Buchrücken，书籍标示的装订部分）。当然，当书籍被展示的时候并非一团糟，它们是以诱人的、令人充满期待的姿态被展示的——书籍通过其背脊来展示诱惑。书籍想要被翻转、展开（翻开），并让人翻页（阅读）。这三种由书籍背脊的诱惑导致的动作既不是树木的特征，也不是人工智能的特征，它们只适用于这两个阶段之间的过渡阶段。允许我们离开森林的是我们将会重新获得的东西，即翻转、展开和翻页。

一、翻转

图书馆的墙壁能从根本上与其他墙壁区别开来。墙壁是为了区分公共性空间（Öffentlichem）与私人空间（Privatem）而建造的设施。墙壁造成的这种区别对生活来说是十分重要的，因为人类的生活是位于公共空间与私人空间之间的振子运动。人类居住在墙壁后面（Hinterwandbewohner，后台居住者），而体验于墙壁之前（Vorwanderfahrer，前台旅行者）。为了让这种振子运动成为可能，就需要建造墙壁，并在墙壁上设置出入口（门）。通过出入口，人们为了体验可以走到墙前，为了居住也可以再次返回。通过其他的出入口（窗），人们能在私下窥见具有公共性（公开）的东西，并且私人的事情也会以公开的方式被审查。在墙壁上还可以装饰通往体验之处和用于窥视的物品。如今，我们无论将电视画面与电脑画面视作窗户也好，图像也罢，电视画面与电脑画面都毫无疑问地融入了墙壁的结构与功能。其中，重要的是技术先进的墙壁。在这种墙壁上，窗户的功能与图像的功能辩证地超越并扬弃了自己，在那里（人们为了体验而出入）的门就成了毫无用处之物。

相反，图书馆的墙壁就有所不同，它的功能也是不同的。一排排堆叠起来的书脊形成了一堵次要的墙壁，它被摆在真正的墙壁前面。在书籍与原来的墙壁之间有一块充满纸张的区域。在那里（根据一种大胆的想法）有无数的手臂试图抓住我们、打动我们，而只有我们的手臂伸向那些手臂之时，那些手臂才能从墙那里挑出一本书的背脊——正是那本书为我们带来的感动促使我们去翻阅它。

"翻转"（Umdrehung）是"革命"（Revolution）的同义词。从书架上将图书取出来，从书的背脊开始到书的标示，然后向着书的正面翻转之时，两件事情发生了：第一件事是在抽出书的地方，原来的墙壁显现了出来；第二件事是我们可以抓住从书中向我们伸出的另一只手臂。"革命"不就是指我们彼此分隔的墙壁变得可见，以便我们可以触及对方（无论是摸还是揪住，抑或是相反地被抓住，都无所谓）吗？

革命展示了两种问题，即"为了什么"和"反对什么"。一般来说，回答"反对什么"相对容易得多，其答案在翻书之时就显而易见了，即对墙壁的反对。在科学革命的情况中，这也是清晰可见的。科学的墙壁和科学的范式必须被揭露才能被打破。在根本性的革命中，如在工业革命或现在的信息革命的情况下，那些墙壁还没有被明确地识别出来。更不清晰的是，革命是"为了什么"而兴起的，因为革命者注意到自己为了革命所作出的承诺（公约）是没有什么帮助的。这是由于革命者自己也根本无法预料到这些"为什么"。革命时代的俄国革命者可能根本不知道，革命之后会发展出苏联那样的体制，但在翻阅图书的时候，一切革命"为了什么"就是显而易见的。也就是说，革命的目的昭然若揭，即为了他人。抽出图书并翻阅的动作可以被视为一种革命性的姿态。

没有哪堵墙壁是不可革命的，即使是图书馆的墙，对着它一头撞过去是无济于事的。更理性的方式是，穿过门，透过窗户看，或在上面挂上图片，因为其他人都在外面，我们只能在那里才能相遇（到达）。然而，图书馆的墙壁不仅允许革命性的姿态，还要求革命性的姿态，因为里面还存在着其他人。只不过图书馆的墙壁只有在历史的宇宙中才能发生革命（功能），在技术图像的宇宙中则无法发挥革命功能。

二、展开

从书架上抽出来的书被放在桌子上展开。我们在这里面临着从众多图书中选择哪一本的情况，并掌握着决定权。从众多的图书中选择一本的情况涉及选择本身。理由很清楚,只从有限的数量中进行选择,而且面对着无法鸟瞰、空间巨大的图书馆墙壁,我们要么随机抽取,要么看运气,要么根据与图书无关的标准作出了选择(也许以后会讨论有关代议制民主的衰落)。然而,有四种展开图书的方法:展开目录进行查找;查阅主题索引和姓名索引;寻找图片;根本不展开图书,而只是翻页。回避选择的最后这种方法需要单独进行讨论。

人们展开目录是为了了解图书的内容。我们触摸别人的手臂,不是因为手臂本身,而是因为手臂所代表的事物。这种实质性的翻阅在书中看到的是一种讨论。如果读这本书,我们就站在事物之上,从高处对它们进行操作。这种以统计学展开目录的方法,实际上对读者是具有诱惑性的。那么,我们之中有多少人是试图先爬到事物之上,然后从上向下操作或沉浸其中呢?

读者还可以展开图书后面的主题索引和人名索引(Sach-und Namenregister)部分,以确认作者与哪种类型的人交流。不仅是人名,条目(主题)也显示出上述情况,因为这些事情是社会中的一些共同现象。我们为了参与这个残酷的社会而拉住所谓作者的一只胳膊。这种主体间的翻阅在书中看到的是对话的一部分和对参与的邀请。许多图书,包括面前的这本书,都没有这样的索引。这并不是因为它们拒绝与读者进行对话,而是因为它们拒绝融入任何社会。因此,对于翻阅者来说,缺少这种索引是一种烦恼和挑战:他烦恼,因为他不知道他在与谁打交道,并且他被迫认识了抓住自己手臂的那个(作为自己的他者)他人(而并不仅是单纯地认识他)。假如作者接收了这种要求,那么就不是已经开始的某种对话的继续,而是生成了一种新的对话。我们也可以根据书中的插画来翻阅图书,以便想象自己首先要理解什么。如果一个人是正派的,他会带着愧疚去做这件事,因为他知道,放在书中的图片是为了在故事发生的过程中被看到。这种愧疚是历史意识增强的征候，即人们不是将图片与文本进行联结，而是像前历史阶段的人们一样，将图像（图片）抽出。在这里，统计学可能会有所帮助：有多少人像孩子和其他文盲一样翻找图片，并且他们这样做是出于前历史意识的残余，还是出于那种飘忽不定的新意识？那些没有图片的书籍传达的是概念；那些概念或者是不能被再现的概念，或者是不希望被再现的概念；那些图书或者不能被插入图片，或者有人不想让它们被插入图片。

展开是选择阅读已经翻开的图书的方式。目前有了一些辅助手段（如图书馆的卡片索引）和借鉴人工记忆储存装置开发出来的技术应用，也出现了检索装置（如摘要服务、信息和数据中心等）。因此，实际上在图书馆的实际操作中，对图书的选择就不再一定要形成于墙壁之前，墙壁本身便承担了这个选择。选择能力是自由的一个重要方面，展开图书的选择应该紧随图书展开的革命。人工性和储存装置并不会展开，甚至老旧的图书也开始逃避选择。这可以被视作代议制民主没落的征候。

三、翻页

自由包含选择的能力，必须选择（Wählenmüssen）则是无法自由地表达自己的不自由（Unfreiheit）。换言之，必须选择（选择的强制）否定了两种局限性情况：一种是无法根据标准进行选择的情况（如信息数量庞大到无法进行整体分析的情况），另一种是所有选择都具有相同价值的情况（如布里丹之驴[①]）。因此，无法选择也是自由的一个重要方面。

[①] "布里丹之驴"（Buridans Esel）表达的是决策障碍的代价，是以14世纪法国哲学家让·布里丹（Jean Buridan）的名字命名的悖论：一只完全理性的驴恰好处于两堆等量、等质的干草中间，但它将会饿死，因为它不能作出究竟该吃哪一堆干草的理性决定。——译者注

12. 书籍：关于历史自由的承诺与消失

翻页的行为关乎自由，它让偶然性发挥作用，即它与让书在我们的指尖翻转，期待着能偶然发现某些东西有关。这允许我们从书上编制的线的末端开始解开它。这就像寻找阿里阿德涅之线①的终点的行为一样，带有一种迷宫般的特质。

假如我们分析偶然，我们就将发现在偶然之后的一系列原因，如醒目的字母的形态，意在"偶然地"让翻阅图书的人感到惊讶。然而，假如我们分析那些原因，我们将在明晰那些原因之后发现一系列偶然事件，如那些醒目的字母的形态可能是作者或排版者从可用的字母形态中偶然选择的。层层叠加的偶然性与原因，即这种描述的夹心结构引发的是读者偶然地翻书。这种偶然的结果是某种特殊的阅读方式，而根据这一方式来翻页的图书必须被解码，就像不同的检索方式一样（这就是那个命题：混乱是未解的秩序，秩序是未解的混乱）。在真正的人工记忆中，所谓的翻页也就不存在了。

假如书籍应该让位于功能更加强大的记忆储存装置，那么我们将使用比展开或翻页更为精致的方法来揭示存储在这些记忆装置中的信息。一门关于这些方法的完整的科学和技术正在形成。试图翻动（转）这些记忆装置的想法是荒谬的，除非专业人士因为可能的意外而修复它们。然而，如果革命是专业人士的事情，那么它就不是真正的革命。翻转书、选择书也好，将这些行为交托于偶然等错误发生的可能性（Möglichkeit）也罢，它们都将随着功能不佳的历史自由而消亡。现在的情况并非因为我们明确地表现出对书籍的偏爱（这种偏爱目前显示

---

① 阿里阿德涅之线源于古希腊神话。在古希腊神话中，阿里阿德涅（Ariadne）是克里特岛国王的女儿，她赠送给雅典王子忒修斯一个线团，忒修斯依靠它走进迷宫杀死怪物，并沿着线找到来路，走出了迷宫。——译者注

出对尸体的爱恋①),而是因为我们对历史自由作出的承诺。我们成了书虫,并且我们是与自动机器和绿色森林相对抗的存在。我们这种类似于蠕虫的感觉和那种被书籍(尸体)滋养的感觉,解释了我们放下书籍的恐惧。

---

① 这里作者使用的词语是"Nekrophilie",即恋尸癖。——译者注

13. 信件：一种等待的哲学视角

信件在德语中对应的单词是"Brief"，意味着简短的书写（法语中的"brevet"），在英语中则是"简短的文字摘要"。然而，现在的德语并不使用上述含义，因为长的信件也是存在的。现在所说的文本并非为了出版，也不是写给出版人的，尽管很多信件都被出版了，但还有更多的信件，它们看似有明确的收信人，可实际上是面向出版人的。

我们在前一章讲述了历史，是书写作为一个过渡阶段，从森林走向自动化机器之前的过程中出现的。因此，信件也只是一种过渡现象，存在于从森林中发出的自然的声音与机器化的自动装置（在我们忘了系好安全带时）对我们发出的声音之间的过渡阶段。信件是过渡期的现象的这一事实在如今依然清晰可见。例如，"要在患难之日求告我"①的上帝的诫命。这意味着在前文字时代（vorschriftlichen Zeiten），人类必须向上帝呼喊。在历史时代，也存在出于这种目的而被书写下来的诫命，但现在的人们会想起电话，尽管我们知道无法在电话簿中找到所需要的号码。

---

① 参见《圣经·诗篇》。——译者注

奇怪的是，电话这个最初的电缆设施并没有取代邮政（Post）。例如，在法国的邮政电报电话公司（PTT）中，"P"是第一个字母，"T"（电话）是最后一个字母。这将随着电话与计算机的结合成为远程通信（Telematik）而改变。这一点我们已经开始认识到了，即这样的电话通信服务在今天并没有导致中央控制的国有化经营，而可能会导致分散化和私有化（正如在美国或日本所发生的那样）。虽然如此，目前的事实仍然是邮件网络与电话网络［及20世纪80年代中期首先引入法国的电线网络minitel（一种电脑通信），即远程通信的先驱］一样，给国家带来了沉重的负担。尽管如此，从信件还存在的情况来看，对信件的书写（以及对书信的阅读）中肯定存在使信件书写和信件阅读都存活下来的某种要素。

我并不知道是否有人写过"邮政哲学"（Postphilosophie）。它必须从对等待的分析开始，即信件是我们等待或意外来到的东西。等待①明显属于某种宗教性的范畴——它意味着希望。邮政则基于希望的原则。邮政信使（Postbote，这些几乎带有中世纪风情的职业人）都是天使［"天使"（angeloi）这个词语与"使者"（Boten）具有相同的含义］，他们携带的是福音（Evangelien，意为令人愉快的消息，支持邮政的希望）。人们不会说如果邮政消失了，一切都会变得毫无希望。人们也会带着恐惧颤抖地等待电话铃声，如果电话铃声突然响起来，那么它就是晴天霹雳。然而，等待信件与等待电话具有不同的时长和不同的节奏。人们

---

① "等待"的哲学意义可以从《等待戈多》（塞缪尔·贝克特于1952年发表的荒诞派戏剧）这部作品中体会。存在主义的世界观表达为存在的荒谬与我们生活世界的偶然性，这就直接冲击了原有的对人类理性的认知，即一切存在都有其应该存在的意义。因此，"等待戈多"既体现了这种"等待"正是人类生活的现实，又体现了这种"等待之梦"的荒谬本质，其最终的指向还是让人面对现实，摆脱虚妄。——译者注

可以用几周时间等待信件，这种期待凝聚成白天固定（festgesetzt）的时间段。刚才言及的固定时间就是对节日（Festen）的节奏和时间的描写。信件之所以还能勉强维持，可能是因为它是我们所拥有的为数不多的节日元素之一。对信件的看法应该从这个角度出发，那就是将信件视为固定节日的书写（Festschrift，纪念文集）。

与所有的节日（庆典）一样，信件也遵循固定的（festgelegt）礼仪。例如，信件（有时是印刷的）带有发信者的地址、日期，标明收信地点、日期，收信者的地址，对收信者的正式称呼，以及正式的告别语，最终还要签名。在这些形式中，每个形式都可以合理化，因为这些形式在邮件追求的意图内具有理性（合理性）的功能。同样的解释也适用于所有的仪式。例如，犹太人的烹饪仪式可以被合理化为卫生举措。然而，这种类型的说明忽视了礼仪的本质。换句话说，在礼仪之中无法合理化的不合理（荒谬）的动作是十分重要的。这种类型的不合理（荒谬性）在信件中，尤其是在如下的思考中变得明显。例如，当有人在信件的问候语中以口头语的方式表达问候："尊敬的先生"（德语式的信件问候语），或者以友好的口头方式告别："致以友好的问候"（德语式的信件问候语）。

如果我们从历史、地理或社会文化的观点（完全不同的情况除外）对有关信件的仪式展开研究，那么就会对认知那个社会作出有价值的贡献。例如，如果将现在的弥撒研究与巴洛克时代的弥撒研究进行比较，或者将英语式的弥撒研究与法语式的弥撒研究进行比较，又或者将商业式的信件与恋爱信件进行比较，那么仅从形式上讲（深刻一点地说），我们能一目了然地掌握一些结构性的社会标准。信件包含一定的庄严性，并且这种庄严是具有包容性（katholisch，天主教式）的（所有人都参与其中）。不过，那些仪式要适合参与者的社会地位。同时，这些仪式也具有灵活性，即仪式的组织者可以使用一些稍微变形的形式。

如今，变革了形态的教会仪式与信件仪式所形成的上述本应具有包容性与灵活性的仪式存在较大的距离。

因此，我们认识到信件书写几乎与文艺（诗歌）创作类似。对于书写的人来说，除了遵循语法与正字法（拼写）的规则，还必须遵守其他规则（如诗歌创作中的押韵和韵律规则）。同时，这种额外的规则也具有节日的属性，即它既具有合理性（理性），也具有不合理性（荒谬性），并且既具有僵化性，也具有灵活性。在这种情况下，对文章的书写者来说具有两种可以选择的策略。第一种是"古典性"策略。在这种情况下，书写者试图利用规则，并通过规则创造出某种结构化的整体。第二种是"浪漫性"策略。在这种情况下，书写者试图放宽规则，并创造性地为扩张规则而努力。在古典主义和浪漫主义之间的摇摆，这种类似于诗歌创作（以及所有的艺术）的动态，无论在历史层面还是个人层面上，对信件书写（Briefeschreiben）来说都是有意义的。因此，信件书写可以被视为最精致的艺术之一。

但是，信件书写艺术正处于没落的危机。信件书写曾一度迎来了繁荣时期，如晚期浪漫主义时代、希伯来语的"对话文学"（Responsenliteratur）时代和18世纪等。当前的衰落期并不是最早的一个。然而，这一时期有一个新的特点。在信件艺术中最重要的不是关于信件书写艺术的衰落，而是关于艺术在传统意义上的衰落，即关于写作本身的衰落，关于节日氛围的衰落。

信件被封印，被投进黑色（有时候是黄色、红色或蓝色）的箱子①（Black Box）中，然后被带到其他地方，有人从黑色的箱子（家庭信箱）中

---

① 黑箱具有复杂的内部结构，指那些既不能打开，又不能从外部直接观察其内部状态的系统。——译者注

取出并打开它。这一整个过程都笼罩在神秘中，体现出信件的保密性。神的使者赫尔墨斯（Hermes），这位众神的使者，其实是神的邮差，是长着翅膀的天使。信件的这种神秘性与所有黑色箱子的神秘性契合，并且它们可以通过控制论（自动化）的方法被破除。因此，地球除了其他领域（如大气层和生物圈），还拥有一个邮政领域——一个越来越密集的信件网络。

然而，邮政领域不能被视为一个封闭系统（就像生物圈那样）。它是由被纸张撕碎的生物，由那些以字母书写的人编织而成的。在我们仍以羽毛笔书写之时，它是由被拔掉羽毛的鸟儿编织而成的。邮政领域不是一个完整的封闭系统，所以它不受熵增的威胁，而是受到自己源泉枯竭的威胁。亚马孙丛林的荒漠化（砍伐）就像字母-数字符号的没落一般威胁着邮政领域。出于对未来可能的源泉枯竭的明智预见，邮政（P）领域，就像在 PTT 中一样，与电报和电话的领域联合在一起。然后，电报（T）和电话（T）成为不同种类的领域，如穿越大洋的船，在地面飞驰的火车、汽车和在空中飞行的飞机一样，它们不再被地表支持。与此相反，它们穿过没有支撑的电磁场。与电报和电话（电信）的结合使邮政领域从地球上分离，并以此从它的秘密中分离出来。

全球范围的邮政网络（就像共济会）试图适应这种从地表分离的趋势。但是这种试图都是枉然的。因为，邮政（像共济会）从本质上是过时的。尽管邮政发展得非常迅速，但我们可以发现一个快速连接各军队阵地的快递命令（Eilbote），还可以发现一边吹着喇叭，一边进入中世纪城市的邮政马车。通过进一步的观察可以发现，我们可以认出一名从一个城市快速地穿梭到另一个城市的文艺创作者，即吟游诗人。然而，邮政的这种过时的古风，即密封与解封这种具有古风的姿态，解释了它仍然具有的吸引力。我们正在身体上，更重要的是在精神上，从地球上跳跃而出,把所有滞留在我们背后、扎根于大地之母的东西都留在身后。因此,我们渴望再次回归伟大的母亲,回归我们的生母洞穴,回归那被七个封印隐藏起来的秘密①,回归古希腊厄琉息斯秘仪②(cleusinischen Mysterien)。然而,其中的最后一种形式就是邮政(Post)。

克尔凯郭尔(Kierkegaard)描述了信件是如何被接收的。这些信件或令人兴奋地期待,或意外地被邮差从邮筒的通道里丢出。这些邮件首先被解码,就像其他所有文本一样,然后人们会在它们的行间寻找秘密。克尔凯郭尔认为,在所有的信件中,最高形式的信件《圣经》也是如此被阅读的。如果《圣经》不是这样被阅读的,那么它就不是《圣经》了。然而,每个文本都能作为信件而被阅读。换言之,这不是批判性的,而是试图辨认写信人的身份。显然,在这个过程中,在信件以谎言的方式呈现的情况下,认可(Anerkennung)能以批判的方式产生逆转。信件是所有文本阅读中最高形式的模型(Modell)。

我们拥有再现阅读信件的画面,那就是关于童贞女怀孕的公布(Ankündigung)。信使是大天使加百列(Erzengel Gabriel),收信人是圣母玛利亚,而玛利亚惊讶后退的姿态,被我们解读为对隐藏在我们面前的天使的性器官(Engelsphallus)的反应。通过这个隐喻,种子形态的逻格斯(Logos spermatikos)被输送到处女体内。然而,按照神学的说法,这不是一个生理过程,而是一个象征过程。也就是说,天使并非

---

① 参见《圣经·启示录》。——译者注
② 厄琉息斯秘仪是古希腊时期位于厄琉息斯的一个秘密教派的年度入会仪式。该教派崇拜得墨忒耳和珀耳塞福涅。这些崇拜和仪式处于严格的保密之下,全体信徒都要参加的入会仪式则是一个信众与神直接沟通的重要渠道,目的是获得神力的佑护及来世的回报。——译者注

13. 信件：一种等待的哲学视角

传达男性的性器官，而是传达信件。玛利亚之所以后退，是因为她被要求阅读这封信，并因此给予书写的言语（Logos）一个肉身。同样，当同一个天使开始向穆罕默德口授《古兰经》时，他也必定是惊讶的（上帝曾两次尝试，因为我们知道邮政并不总是可靠的）。玛利亚、穆罕默德和阅读信件的人在本质上都是在敞开自己，以迎接从神秘主义秘密中出现的他人。

在当前的邮政条件下，我们已经无法做到这一点了。现在从这种秘密中分离出来的，大部分是广告（是在形式和内容里都是虚构的信件）和待支付的账单。也就是说，这些信件含有未经言明的威胁。在信件里，广告的关键特征是不需被拆封就可以被丢弃，账单则是必须尽快被付清。在这种不神圣的纸张的洪流中，偶尔也会出现真正的信件，但大多数人发现，如果给他们时间处理这些信件，这些信件就会被彻底阐明。现在，邮政不再是为了敞开，而是为了关闭，对抗他人；邮政不再是为了纯洁地接收（没有原罪的受孕），而是为了在受到保护的情况下接收（通过性病预防措施而变得肮脏的受孕），即以性病预防措施为媒介实施的受孕。我们不仅不再可以像写信一样阅读所有的文本，而且除了要批判的文本之外，其他方式的信件阅读也将变得不可能了。

信件的喜庆气氛和宗教感情是其保密性的结果，即那种神秘的封印的结果。我们将这种带有神秘封印的信件投入黑色邮筒的通道。这是宗教性的，出于对邮政的信仰与信任，我们将所有的秘密托付给它。我们现在知道，自己应该以理性的方式对邮政保持怀疑态度，因为无论怎样的封印都无法保持一个秘密。公众启蒙的世俗之光侵蚀了所有被加密和封印的事物，因为意义之洞已然破裂。公众（Öffentliche）、大众（Publikum）、常人（海德格尔意义上的）将自己的权利深入所有私人的、黑暗的和未启蒙的事物之中。通过皲裂而生成的缝隙，借助审查的形态，普通人渗透到信件的秘密之中。信件不再只针对预期出现的另一个人，而是无意中也针对那些闯入者，哪怕他们通常在迷雾中以匿名的形式出现。"无脸的"闯入者在信件中隐藏了彼此认可的面孔，所以庆典并不是荒谬的，而是变得自我矛盾了。

虽然信件不愿意被公开，但它无意中以审查的名义进入了一个匿名的公共领域。邮政是一个意义的黑暗盒子，它已然破裂。网络出现了，它不再需要扎根于地球，而是无需支撑地在领域中摇摆——它已然成为承载主体间消息（intersubjektiver Botschaften）的载体。写信与读信的喜庆与秘密正在消失，等待、翘首以待和期待等实存性的态度在直面电磁转发信息的宇宙性同时性（kosmischen Simultaneität）之后，就成为毫无用处的东西了。希望不再是有期待，它变成了惊讶（Überraschtwerden）。至此，写信已经失去了它所有的意义。

随着电传打字机和后来更具功能性的远程媒介取代了信件和邮政的地位，我们意识到我们失去了信件这一由纸张代表的东西。通过它，我们曾经希望能辨认出对方的大门。无论远程信息处理的消息是如何被解读和得到回复的，它们不会在行间被阅读。我们面前出现了一种新型的庆典，一种新型的秘密，一种新的相互认可的形式，而且它是以出乎意料的方式出现的，以至于我们惊讶于能否在其中认出信件。我们在学习新的主体间性艺术即电脑艺术的过程中失去了写信的艺术。大众从我们手中剥夺了信件（在这个过程中，"大众"是无脸的，他们戴着不同的面具）。之后，我们将自己融入了无关联的大众。然而，我们预感到，大众媒体开始转变为具有信件特点的主体间性媒体。只是这种微弱的预感对于"希望"这个词语来说太过强烈，它允许我们应对信件和邮政的衰落。

这种模糊的预感开始呈现出形状，具体来说，是以支票（Geldbrief）

的形式。支票是一封写给银行的信，命令银行给携带支票的人钱款。然而，现在我们有了能替代这种支票的一种装有人工记忆的塑料卡（Plastikkarten），也许这种智能银行卡是所有未来信件的先兆（Vorbote）。它虽然没有太多喜庆的元素，却充满了秘密。可能的情况是，与书籍不同，信件会实现向形式化情境的跳跃，并且信件将超越文字而幸存下来。如果要刻画一个未来的视角，那么它可能是一个被智能塑料卡覆盖的地球。这些卡片像蜜蜂一样嗡嗡作响，并在人与人的关系之间编织出像蜂巢一样细腻的纽带，牢固地连接着人与人的距离。然而，我们已经从吃纸的白蚁变成了嗜蜜的细胞居住者（Zellbewohnern）。对这种进步的相关评价，应该留给那些依然拥有这些价值观或下定决心要使用这些价值观的人。

14. 报纸：有关终结论的争议

散布于全球各地的大量报纸文献和无数的新闻学院（Journalistenschulen）都揭示了一个奇怪的事实（Tatsache），即尽管有电视、广播和直到最近才出现的新闻片（Wochenschauen），但每天都有折叠起来的传单（Flugblatter）飞进我们的家中。或者说这些带着折叠翅膀，特意为了上述目的而设置的牢笼，每天都在等待着我们上当受骗。这不仅揭示了报纸适合作为包装纸的这个事实，也是对这一事实的充分解释。基于上述两种理由，我们可以对这样的事实进行充分的阐释。首先，我们有更好的包装材料可供使用，用报纸包裹的生肉块看起来就像马车一样过时。其次，这样的阐释不够优雅，新闻学者（Zeitungswissenschaft）无法认真考虑。报纸利用了越来越先进的技术，它们的依据是最新的信息和通信理论，与之相对应的报纸写作风格也变得越来越精致，尽管越来越复杂的系统控制着它们的信息生产和分发，但报纸应该像马车一样过时吗？新闻学者提出了更为深入、复杂的阐释，以证明和预测印刷报纸在信息广泛电磁化的情况下仍然存在。

从根本上讲，这些深入和复杂的阐释（在这里不必深入讨论）并不能改变人们对报纸的预期，因为在不久的将来，报纸将不复存在。但是，依然存在一种简单的阐释，那就是报纸至今依然存在。尽管报纸表面上没有什么变化，并且它们似乎在电磁信息（elektromagnetisierte Informationsflut）的洪流中保持不变，但它们实际上已经变成了与此前完全不同的存在，并朝着正相反的方向变化着。在广播与其他媒介出现以前，报纸相对于所有其他媒介（如书籍、杂志等）而言是一种短暂、转瞬即逝且会迅速过时的记忆。它是遗忘的存放地，因为没有比昨天的报纸更短暂、更过时的了。后来，相对于这些新媒介，报纸变成了一种永久性的记忆装置，即使它在时间上落后，但也记录了可以在屏幕上看到和从扬声器中听到的内容。虽然这些记忆不仅被保存在报纸上，也在其他地方以磁带（Audioband）和录像带（Videoband）的形式得到了长久的保存，但目前这些新的记忆还没有大量地被从发信者传输给接收者，而是在某处被积压着，并耐心地等待合适的分发渠道。因此，报纸并不是与无线电或电视竞争，而是与这类磁带和录像带竞争。出人意料的不是报纸依旧存在，而是媒介渠道中的这种拥堵现象。这种转变为一种临时的视频带和磁带的报纸值得我们关注。

关键的问题与持续性（Dauer）相关。持续性是与"时间"（Zeit）不同的范畴。自电磁化（Elektromagnetisierung）出现以来，我们有理由比以往更多地谈论"持续性"（Dauerung），而不是"报纸"（Zeitung，时间化）。报纸上刊载的消息比广播和电视上报道的消息存续得更久，并且那些消息能更长久地停留在收信者的当下。在电磁化的状况中，虽然发信者大体上能以与报纸相同的方式发送信息，但信息是没有辅助手段的（是非物质的），所以它能持续不断地穿越时间，不停留于现在。收信者被要求从流失的时间中将信息吸收到自己的记忆中，然后把它们储存起来，以便预备未来的某种行动。然而，报纸是某种人工性的记忆装置，并且它经过了处理、折叠、剪裁，即它是允许被分析概括（Begreifen，抓紧)的。基于此,收信者的记忆负担被减轻了。因此,与大理石和青铜板相比,报纸曾是易逝的记忆媒介,但在与电磁媒介的关系中,报纸将转变为一种持久的记忆支撑,直到录音带与唱片承担起这一角色。

这个"持续性"概念超越了时间,指向了类似于永恒性的"停滞的现在"(nunc stans)的方向。报纸变成了"持续性的",变成了一种指向永恒的信息,而非时间性的。也就是说,报纸成为指向永恒方向的信息。对于那些为报纸习作的人来说,他们已经认识到了这一点,但对于接收信息的人来说,他们完全没有意识到这些。究其原因,对于收信者来说,报纸保持着其本身的快速(飞翔的纸)的特性。收信者比报纸飞得更远,由此产生的某些作者对报纸的态度与大多数读者之间的距离,比电磁发信者的竞争对报纸业务的持续性提出了更大的问题。为了作出权宜之计弥补这种距离,报纸的版面试图通过视觉上的区分,隔开上面要持续的文章和其他文章。只有极少数读者还有强烈的意愿,希望以相同的方式区别持续制作的文本与剩下的其他文本(如剪切它们)。因此,报纸内容的内部产生了矛盾:报纸内容中的一部分被送进图书馆,剩下的大部分则被扔进了废纸篓。因此,存在完全不同的报纸作者类型:一种是为图书馆写作的,另一种是为废纸篓写作的。同时,根据这一分类标准,报纸也被分为两种类型,即图书馆类型的报纸和废纸篓类型的报纸。

简单地说,可以将为废纸篓报纸供稿的作者称为记者(Journalist),而将为其他报纸工作的人员(Zeitungsmitarbeiter)称为其他人员。前者可以进一步分为雇员和自由职业记者,后者可以分为常驻和偶尔写稿的自由职业者。然而,尝试将这种分类视为一种价值评价是错误的,比如将工作人员视为高于记者(如一个小精英团体所做的那样),或者将记者视为高于工作人员(如大多数报纸读者从高处俯瞰时所做的那样)。上述有关分类在价值上是自由(价值中立)的,即这种区分对这种写作持一种冷漠的态度(没有利害关系、价值中立的态度)。

这种中立性(科学性)与工作人员和记者的热烈参与形成了鲜明的对比。从写作的角度去看工作人员这种长期的参与是容易理解的。这些人具有历史意识,他们希望通过行动穿越时间,进入永恒,无论是为了在那里保存他们的思想,还是仅仅为了在那里保存他们在报纸上印制的名字。对于他们来说,报纸是一种交通工具,让他们在时间上进入持续性,并在这个过程中带上无数的读者。

然而,记者这种被放入废纸篓的作者的参与却不再能从写作的角度上被理解。这些人愿意在极端情况下冒险,甚至牺牲自己的生命,如通过报纸将战争事件运送到废纸篓。他们并非为了自己(无论是思想、情感、价值观,甚至只是自己的名字),而是为了信息自愿献出生命。这些记者是新兴信息社会的英雄,因为信息社会放弃了持续性。同时,在信息社会中,时间不再具有历史结构。关于记者英雄形象的未来神话将会凝聚,我们已经可以看到这种神话是如何被程序化的。

具有历史意识(Geschichtsbewußtsein)的报纸工作人员与书籍和信件书写者的区别仅仅在于他们使用的媒介——报纸。他们是一些试图伸手帮助他人,与他们一起改变世界并超越它的人。然而,记者则是另一类人。在19世纪,当第一批电磁媒介尚未出现时,他们与摄影师一起成为首批"信息化的人"(informatischen Menschen),即那些最早参与并发展了一种新意识的人。这种记者与摄影师之间的紧密关系,这种精神上的共同性,在报纸上一直被保持下来。这是新闻文章中图像与文本相结合的内在原因。但是,由于趋于电磁化的倾向,适合记者自己存在的媒介是广播,甚至是电视。自从报纸变成了持续性的,记者们越来越明显地开始从报纸转向新的媒体(那里是未来英雄的摇篮)。

报纸越来越明显地变成了工作人员的游戏场，变成了一篇篇本质上无法被保存的文献。在这里，持续性不适合如今信息化的情境（informatische Situation）。

将报纸、新闻媒体（Presse）称为所谓的"第四权力"（vierten Macht）是一个时代错误。然而，在 19 世纪，甚至到了 20 世纪前半期，这种说法不仅是有道理的，而且还有先见之明。从过去的角度来看，新闻媒体是第四权力，它出现于政治权力的三元组合（不管人们如何称呼它们）之后。从未来的角度来看，它是最高权力，因为其首次在新闻媒体中显示出权力的根本在于信息的生产和分发。这就是为什么会出现复杂的报纸巨头和报纸企业群，它们的腐烂尸体仍然在空气中散发着恶臭。权力在于信息，正如我们现在所知道的，它产生于全球化扩散的组合中。我们现在只能怀旧地谈论新闻媒体的权力。新闻媒体只不过是当今决策中心（Entscheidungszentren）的先驱而已。

这尤其可以从如下的事实中被认知。虽然新闻媒体对传统的政治范畴进行手工业式的处理，但现在的决策中心可以通过自动化（人工智能）的方式来把握。当前仍然有报纸在为某个政党说话，还有其他的报纸强调自己是超党派或非党派的，并没有表明在为谁说话；仍然有评论家试图通过报纸阅读政治观点，并找出隐藏于其背后的未被声明的利害关系。在新型权力形势下，这一切都带有一种幽灵般的特征。决策中心已经自动化，它们复杂地相互交织，而得出的决策不再是可以用政治来描述的，即它们不再是利害关系的功能，而是其他机械装置的功能。新闻媒体掩盖这一点，因为它附着于正在衰落的政治权力，以求得生存。如果没有报纸，只有广播和电视，那么当前权力的去中心化（Entpolitisierung）和自动化就会变得更加明显。

媒体不应被视为一种权力，而应被视为一种最后的尝试（letzter

Versuch),用以维持那些被废黜权力的生命。虽然那些被废黜的权力通过报纸仍然能表达自己,但实际上他们已经没有什么可说的了。电视上的政治节目证明了这一点。在那里,政治表达被新的、信息化的意识方式吸收。换句话说,政治被视为一个形象问题,人们只是非常不准确地谈论着它,而视频选拔决定了总统候选人。报纸是政治、历史意识的最后避难所。从这个意义上来说,它是退步的,尤其是当它自称为进步的时候。这不是通过先进的生产方式、先进的版面布局、先进的分发方法和先进的员工贡献得以实现的。报纸是退步的,因为它是一种文献,即历史意识的产物。因此,在面对急速消失的历史状况时,它是无能为力的。

报纸将会消失,一旦录像带、磁带和电磁送信者的唱片大规模、便宜(甚至可能免费)地进入所有家庭,信息便借助视频和音频技术储存其中。一些报纸试图通过将自己的内容输入录像带以生存下去,尤其是为了保留其剩余的广告业务,因为这是它们的生计所在。但这只是一种借口,因为广告可以轻松地被电磁送信者吸收。实际上,这种绝望的拯救尝试的真正目的是在文字消亡后保留政治意识,因为视频报纸不应该去政治化,反而应该更加政治化。这是一种荒谬的做法。政治意识以字母-数字符号的形式出现,它不能在图像和声音中重新符号化而不失去其本质,即线性和从过去向未来推进的文章书写能力将会消失。

随着报纸的消失,历史意识的最后痕迹也将不复存在,再之后消失的就是历史自由。一名来自火星的观察者会注意到,19世纪和20世纪上半叶为新闻自由而进行的斗争是多么集中。为什么记者的自由对于人类的所有形式的存在自由和所有形式的行为如此重要?答案是新闻自由中体现了政治自由,而且后者被视为存在的基础。对于火星人来说，这可能听起来不太真实。他们可能会问，如果政治自由（无论它可能意味着什么）掩盖了存在的自由，人们在这种情况下得到了政治自由（主要是通过阅读报纸），那么他们如何在存在上完全受制于种种条件，完全无目标地生活呢？对于这个来自火星的问题，我们的答案将决定我们如何面对报纸的消失。

如果我们认为政治自由是自由的根本基础，那么基于计算机控制的信息化（自动化）生产和分发取代报纸的情况将使我们感到震惊。如果我们认为政治自由是存在自由的意识形态迷雾，那么我们在报纸被取代的过程中将面临下述抉择。一旦报纸这种最后的批评声音消失，中央控制的送信者将程序化所有的认识、价值和体验。到那时，谈论自由就没有意义了，因为这个词本身将不再具有意义。或者一旦报纸这种中央发行的传单消失，新的网络化（相互联结的）信息生产将变得明显。到那时，谈论存在自由将真正地具有意义。

报纸是中央发行的传单，它们在结构上是法西斯主义的。只有在这样的法西斯结构内部，新闻自由（和政治自由）才能得到表达。报纸的消失是毫无争议的。有争议的是，是否将报纸的法西斯结构转移到新的媒介上，它可能会有所加强（正如目前的情况），或者正是由于报纸的消失，其他类似于网络的去中心化媒介机制将进入我们的视野。也就是说，有争议的是自由。

15. 书写用品店：一种书写文化的传记现象学

  这里所谓的书写用品店（Papierhandlung①）是一种出售书写材料（Schreibware）的商店，而不是那种通过纸张对抗并诱导我们行动，乃至错误行动的商店。也许在这些地方，最早发生的确实是与纸张有关的行动。之所以提到书写用品商店，正是因为在文字没落以后，它也将从我们的世界消失。有人可能会抗议这种将售卖书写用品的商店从其他所有事物中突出的做法，并认为所有的商店都应该因为与书写文化的灭亡一起消失而受到谴责。人们可以通过私人空间的屏幕获取一点信息，那么他们就可以通过从中央分配中心引出的电缆获取所有他们依旧感兴趣的商品。如此一来，所有的商店（和城市）都将变得多余。然而，书写用品商店的情况有所不同。它们将变得多余，就像它们提供的商品一样。信息革命是一场政治革命，因为城市（polis）正在消失；信息革命也是一场文化革命，因为书写文化正在消失。

  如果问书写文化（Schriftkultur）是如何没落的，我们可以从书写用

---

① "Papierhandlung"本意为"纸品店"，但本章内容并非仅限于纸张，故采用"书写用品店"以涵盖与书写有关的工具，从而与"书写"的主题对应。——译者注

品店中观察到一些征兆。它们的货架上除了展示打字机和更古老的书写工具以外，越来越多地开始展示文字处理机。这些机器显示出它们愿意让位给功能更强大、不再消耗纸张的人工智能。书写用品店的货架希望埋葬纸张，而不是赞美它。这场埋葬最令人忧伤的方面或许是打字机。我们为之哀悼的并不是一个古老的键盘和那不断纠缠的、带有恶意的墨带，而是字母-数字记忆。新键盘和墨带的消失虽然是可喜的，但字母、阿拉伯数字和像"§""&"或"$"这样奇妙的表意符号不再向我们眨眼，就像它们曾与我们秘密结盟一样，即字母-数字符号的秘密结盟——这是值得悲叹的。

　　大脑记忆中的字母是如何被储存的，以及储存字母需要哪些特定的大脑区域，这暂时还没有正确的结论。这些问题本身并不令人愉快。比如，在智人出现（Homo sapiens）的过程中，是否在地球生命诞生以来的遗传信息中就预设了字母的存储？还是说这种大脑功能是三千年前才出现的？能回答这个问题的答案（它显然就在门口）将克服达尔文主义和拉马克主义①。但是，在打字机上，问题有不同的呈现。在打字机上，字母根据它们在特定文字语言中的频率被存储，而且是以最常用的字母可以被手指（敲打）方便检索的方式。这是基于应用信息理论的考量，在这种理论被明确地提出之前就是如此。打字机是一种对认识论问题即理论与实践的辩证关系的贡献。

　　这里还要提到一个辩证法。在我们打字的过程中，字母在我们的

---

① 指拉马克学说，生物进化学说之一，为法国博物学家让-巴蒂斯特·拉马克（Jean-Baptiste Lamarck，1744—1829）创立。他认为，在新环境的直接影响下，生物的习性改变，某些经常使用的器官日益发达，不经常使用的器官则逐渐退化。同时，他认为物种经过不断地加强和完善适应性状，这些后天性状可以传给后代，使生物逐渐演变，最后变成新种。——译者注

记忆中被重新排列。如果我们有一台英语或德语打字机,那么字母顺序就从 ABCDE 变成了 QWERT。自从有了打字机,我们的大脑中可能就进行了一场字母舞蹈,而它的编舞应该能让我们窥见我们思考的一个重要方面。这种大脑与打字机之间的辩证法(以眼睛和手指作为中介)导致了一部分打字机存在于我们的大脑,我们大脑的一部分也迁移到了打字机上。随着打字机的使用,我们大脑的一部分消失了,或者用更乐观的话来说,大脑记忆的一部分功能因被释放而保持了自由状态,以便做其他的事情。

因此,关于主体与客观世界(自我与非我的区别)的界限问题以一种惊人的清晰度被提出了。它揭示了存储在所谓的自我核心(Ich-Kern)与所谓的非我(Nicht-Ich)之间的多层次灰色区域。试问,如果我剪掉我的指甲,做盲肠切除手术,截掉一只手臂,或用人工器官替换所有器官,这样的变化是否在一定程度上推移了我与世界的界限?那么,如果有人拿走了我的烟斗、我的旧西装或我的房子,在这种关系下会发生什么?在灰色区域中,我的身体与我的工具之间的存在论区分完全是模糊的,即我的指甲比我的烟斗离自我核心更远。同样,我的记忆也是如此。我的指甲比我记忆中的莎士比亚离自我核心更远,尽管指甲似乎是从内部向外生长,莎士比亚则通过灰色区域从外部伸向内部。如果打字机消失了,灰色区域中的一些东西就会掉落。这些东西靠近我的自我核心。如果这个自我核心被证明是一个神话,也就是说将其判定为指向向内密集的灰色区域的核心,那么打字机的消失可以被视为自我整体的贫困化。这是我们在考虑书写的衰落时感到恐惧的一个方面。

并非所有的书写者都在使用打字机,而且很多人在打字的同时也使用手写,他们与打字机并没有形成前面描述的那种紧密关系。有些人认为，人们需要学习打字（如像学游泳一样），并且确实存在支持和推广这种观点的打字机学校和游泳学校，甚至还有专门提供给熟练的打字员的职业。信息化的进程终结了这种荒谬，并强调了打字实际上是一种自动化（这意味着内在化、自我化）的过程。在这个过程中，书写就像走路和说话一样，变成了一种我们忘记是否曾经学习过的动作。

关于并非所有的书写者只使用打字机这一点，我们可以从书写用品店中观察到。除了销售打字机，书写用品店还出售各种笔尖（Schreibfedern）。在书写用品店中，除了机器和复写纸，还有其他类型的书写纸。在各类笔尖中，有一些是免费提供的，所以在书写用品店的背景下，它们的多样性值得一提。这与书写的本质相违背，并让人联想到绘画。然而，绘画是从书写中被解放出来的，经历了数百年的发展。笔尖被视作古老的，因为它们让人想起古罗马的风格与绘画。显然，只有打字机才在本质上符合书写意识，就像书籍印刷在另一个维度上一样。用手书写的人处于书写文化的外围区域。正是在那里，用手书写的人还统治着书法和图形学这些具有中世纪风格的阅读艺术。手写比古代的手稿碎片更接近计算机程序。然而，尽管有书籍印刷和打字机，也仍然存在手写文本的事实。这表明了习惯动作的顽强，暗示了书写的动作可能会在很长时间内作为一种无用的盲肠，并在信息化环境中继续存在。这是一个小小的安慰。

比铅笔、圆珠笔和钢笔更有趣的是书写用品店提供的书写纸，它们可能是散装的或被装订成册。在装订的纸张中，特别引人注目的是那些用于记笔记的纸张（Notieren）。单词"Note"（符号、文字）、"Notiz"（通知、笔记）和"notorisch"（匿名的、公开的）都源于拉丁语"gnoscere"（知道）。笔记本（Notizheft）被用于科学，在上面书写的人是公证人（Notare）。有些笔记本上预先印上了即将到来的新的一年中的周、日、时。我们将它叫作"日历"（Kalender），它是具有误导性的，因为我们实际上通过笔记本身处于历史意识的中心。此外，还有（带月份注解的彩色图片）日历，它们是从历史的意识中指向神话的前历史。与这种图片日历（Bildkalendern）不同，笔记日历（便签式日历，Notizkalendern）不是用来观察与休闲的，而是被用于历史行动（historischen Handeln）。因此，笔记日历被称为"备忘录"（Agenden）则更为正确，它可以被视为符合所有书写的历史意识与历史知识的模型（Modelle）。

我们可以从三个角度来理解记笔记的日历，即年初、年中、年终。从年初的角度，我们可以看到一年中所有历史行为所面临的结构，即自由的时间段和它们的界限；从年中的角度，我们可以设计未来的项目，预先占领这些自由空间；从年终的角度，有两点变得明显，即交叉的项目和一年的历史。如果将上述三个角度结合起来，我们就能看到历史自由概念的内在矛盾，也因此看到了历史认识的矛盾。面向未来的视角注视自由空间，回顾过去的视角注视条件，并陷入线性时间的视角注视可能性（Möglichkeiten）和概率（Wahrscheinlichkeiten）。因此，回顾性的知识用因果关系解释历史，预测性的知识则以目的论解释历史。虽然事情会如许多人设想的那样实现，但迄今为止，事情都是基于其必然性而实现的。记笔记的日历揭示了矛盾的核心，即它不允许有任何超出历史当前立场的立场（Standpunkt）。

当一年结束时，如果从前向后阅读记有笔记的日历，你面前展开的就是一部传记（Biografie）；如果从后向前阅读（这就是一次冒险的尝试），位于你面前的就是世界对各种计划表现出的条件和偶然性交织的抵抗（Widerstand）。两者在具有同样背景的预先印制的网格中显得一样。一旦记笔记的日历被更具功能性的记忆装置和更复杂的未来化装置取代，一旦不再是手写的笔记而是计算机数据被调取，那么预先印制的纸张将从人们的视野中消失,为不可见的程序让位。一个新的自由概念(Freiheitsbegriff)将取代历史概念(或者可能不再需要它),功能性解释则将取代因果和目的论的解释(如果还需要解释什么的话)。正如记笔记的日历中所展现的那样,历史意识的戏剧性(它的悲剧和喜剧)将让位给另一种生活氛围。适用于记笔记的日历的一切,也适用于所有的小册子(Hefte),它们都是自由且暂时的游戏场所。随着线性时间的推移,它们将由知名的条件和偶然性填充。如果书写用品店变得多余,那就是因为册子变得多余,继而为这个悲喜剧的矛盾而头痛也将变得多余。

书写用品店除了销售打字机和笔尖、机器和其他书写纸张之外,还提供其他辅助书写的工具,如订书机、文件夹和胶黏剂等。所有这些物品都在一定程度上揭示了文学宇宙的奥秘。例如,橡皮擦特别说明了在信息被擦除的情况下,预先写好的记忆(vorschriftlichen Gedächtnissen)、文本与计算机之间的区别。持续的思考可能会证明弗洛伊德的压抑理论是前字母的(vor-alphabetisch),即虽然由于操作失误导致的打字错误可以被重新覆盖然后再打上新的字(压抑),但它们也可以被擦除。此处,鉴于这篇文章设定的范围,为了避免这类关于书写工具的探险,我们还是明智地克制一下为妙。

书写工具从书写用品店来到我的写字台(书桌,Schreibtishc),然后进入废纸篓。废纸篓的内容最终被送往垃圾处理场,然后进入自然界,在必要时可能会作为新的书写工具回到书写用品店。但是,从废纸篓回到书写用品店的道路是从地底下形成的,不会进入我的书写意识。因此,在废纸篓阶段之后,再谈论书写工具似乎是不合适的。即使是在废纸篓中,我们也不应该再赋予它这样的荣誉名称。真正的书写工具的生命始于书写用品店,结束于从写字台到废纸篓的过渡。

15. 书写用品店：一种书写文化的传记现象学

如果撰写有关书写工具的传记，描述它从自然中出现，通过文化和垃圾最终又回到自然中的荒谬循环，那么就是在写与书写相关的文字。这是因为"书写工具"这个概念可以有非常广泛的含义，可以涵盖整个书写文化。例如，西方历史的书写文化传记就会表现为一支箭，它出现在某个书写用品店中，然后突然走向废纸篓。至于地下部分，即这个荒谬循环的隐藏部分，只有在书写工具进入废纸篓之后，它们才能在信息情境中再次显现。我们可能是第一代能从废纸篓的角度书写西方历史的人，所以当我们展望未来时，看到的只是我们废纸篓后面的垃圾。未来的几代人将不得不从这个废纸篓中艰难地爬出来，我希望他们能够注视整个杂技（Zirkus）过程。

到目前为止，尝试从现象学的角度捕捉书写用品店及其可预见的消失（voraussichtliches Verschwinden）一直停留在碎片化（fragmentarisch）状态。书写用品店的本质及其指向的写字台（书桌），现在不应再被忽视。

16. 书桌：书写的权力意志

在比较未来的书桌和它们将要取代的装置（Apparaturen）之前，我们最好是从空白心灵（Tabula Rasa）开始。一张空桌子不仅是常见的木质的由四腿支撑的平面或一种简化的人工负载动物（Lasttier），它更是无法达到理想（Ideal）状态：人们总是不断地打算清空它，使它终于成为一张"纯粹的桌子"（reinen Tisch）。通过远程电视，人们充满羡慕地观察着那些巨大的空桌子，坐在桌子后边的据说是所谓的有权势的人。如果你设身处地，你就会有新的关于权力和书桌的看法。"权力"（Macht）一词是动词"想要"（mögen）的名词形式。从罗马语来看，它对应着类似动词"可以"（können）的名词形式。尽管有力量的人面前的桌子是空的，但他们还能喜欢或能做什么呢？难道他们的可能性和潜力也落空了？他们是否正准备在书桌上，在有序的混乱中实现自己？在经历了数百年的反现象学讨论（antiphänomenologischer Diskussion）之后，权力现象学必须假定，这种涉及可能性的推进在抵抗中真正地实现了。也就是说，权力不是已经实现的某种现实的东西，人们可以适应或对抗（Widerstand）它，所以权力寻求的是抵抗。如此一来，权力才能真正变得强大。拒绝抵抗（如在空桌子的情况下）就是否定权力，而你不

16. 书桌：书写的权力意志

必是甘地①也能看出这一点——只要想象一张空桌子就足够了。

正是追求权力的欲望诱使我们在书写用品店里挑选所有这些书写用品，以此不断地更新，从而填满我们的书桌。然而，这里所说的权力并不是一般的权力（意志），而是一种非常具体（特定）的权力（spezifischen Macht），即所谓的笔的权力。尽管存在多种权力形式，但这种权力通常与剑的权力对立。从笔中散发出的权力，其可能性和潜力（笔的场域）具有特定的结构，尽管尚需建立一个真正的笔的场域理论（Feldtheorie）。如果将铁屑放入磁铁的权力场中，我们就知道这种权力是如何实现的。尽管我们至少像沉浸在电磁场中一样深入笔的场域，但我们仍然缺乏如爱因斯坦那样的天才来建构这方面的理论。可能是因为与自然领域不同，意识形态领域总是在被（个别地）具体理解之前就被意识形态统一了。马克思主义试图将所有权力场域，包括笔的场域，辩证地归结为基础领域（经济基础的"下部结构"），就是一个例子。对所有场域的这种还原（Reduktion aller Felder）是爱因斯坦未能成功做到的，因为各个领域已知细节（所有个体事实）都对此表示反抗。

这段文字提到了书写者被诱惑去书写用品店获取笔的权力的现象，这在本文中已经部分地讨论过，尽管还没有建立一个笔的场域理论②（Federfeldtheorie）。

---

① 莫罕达斯·卡拉姆昌德·甘地（Mohandas Karamchand Gandhi，1869—1948）是印度民族解放运动的领导人，被印度人尊称为"圣雄甘地"。他的权力思想深受非暴力、真理、道德哲学和个人精神修养的影响。甘地强调个人的道德责任、社会正义及和平变革的可能性，其权力思想可以归纳为六个方面：非暴力抵抗、自力更生、社会和谐、民主与平民主义、道德领导力、宗教与政治相结合。——译者注
② 这里的意思是，书写者被吸引去书写用品店获取笔的力量是一种象征性的力量，它不仅是书写的工具，也是一种创造力和表达自我的手段。这种力量是一种通过书写来创造影响力和连接他人的能力，在写作过程中发挥着重要的作用，哪怕它还没有被完全理论化。——译者注

将圆形的环按照行（线）笔直地展开，在这些行的帮助下试图向他人伸展意志，这是书写者被诱惑去书写用品店获取笔的权力的原因，目的是让书写者掌握笔的力量。事实上，这种追求特定权力的欲望在西方文化（westlichen Kultur）中得到了体现，并且在这种意义上，笔的权力场可以被视为社会的"下部结构"①（Unterbaue）。这一事实正是文本所暗示的，即并不排除从其他的视角出发也可以将其他权力领域视为社会的"下部结构"。追求这种特定权力的欲望将书桌变成了出发点（Ausgangspunkt）。

一张平均水平的书桌上通常是混乱的，纸张、文件夹、图钉、烟灰缸、打字机、电话和其他杂物散落在上面，它们被桌上的台灯照亮。

上面这句话表达了一个观点，即并不存在一个所谓的"平均水平"的书桌，因为关于混乱的共识正在形成的过程中。所谓的"平均水平"的书桌是一个理论上的抽象概念，它涵盖所有关于书桌的现象。任何对书桌的现象学分析都必须从具体（此时此地）的书桌出发，而想要将这个具体的书桌与理论上的"平均水平"的书桌等同起来的想法都出自傲慢的意识②（Überheblichkeit）。

在这里，混乱（Chaos）被理解为一种结构尚未清晰可见的情况，或者是在结构已经被透彻地理解之后出现的情况。换句话说，混乱存在于尚未确立秩序的地方，以及秩序几乎没有被完全掌握的地方③。

书桌上的混乱与自然科学宇宙中的混乱相对应。当一个不了解情

---

① 指经济基础。——译者注
② 对于书桌的描述和理解应该基于对当前具体情境的深刻洞察，而不是简单地套用一般性概念。——译者注
③ 这种对混乱的定义暗示了"混乱"是一个相对的概念，它与秩序的清晰度或完成度相关。在不同的情境下，同样的物理状态或心理状态可能被视为有序或混乱，这取决于观察者的视角及其对周围环境的认知。——译者注

16. 书桌：书写的权力意志

况的人走近时，他看到的是一种杂乱无章的景象。然后他开始在混乱中寻找联系，在疯狂中确立一种方法。当我坐在书桌前写作时，我处于一个令人敬畏的宇宙（Kosmos），即一切都在适当的位置为我提供服务。在这个过程中，我既是书桌上的哲学家亚里士多德，也是科学家牛顿；所有的书写工具都在恰当的位置，即使它们被移开了，也必将回到原来的位置。如果我了解书桌的秩序，那么我就会知道所有的书写工具都可以在现在、过去和未来中被准确地定位。但是，当我退后一步，反思自己与书桌的复杂关系时，我就会变得更加类似海森堡①，即我之前以为的书桌上的秩序，其实是一种我自己投射到书桌上的过于简化的理解。这一点在我寻找如大头针这样的小物品时得到了证明。因此，从这个意义上说，我书桌上的混乱仍然占据主导地位。

我现在伸手去掌握权力，也就是说进入混乱，以便将两张白纸和一张复写纸放入打字机。我的目光既不在纸上，也不在打字机上，而是越过它们，注视着将要书写的文稿。整个书桌只是一个被轻视的工具（Mittel，手段）。它被目前还模糊不清的目的神圣化（geheiligt）了。对任何权力的掌握都无法避免这种工具的神圣化。然而，我们可以尝试不轻视这些工具，选择去观察它们。在这个过程中，产生了一种非常奇怪的混乱，即我越是关注纸张和打字机，我打算书写的文章就越模糊。对书桌的这种观察将文稿从视野中驱逐了出去。因此，对于那些被无权者赋予权力的人来说，他们在应用工具之前应该考虑这些工具的要求，而这已经是一种拒绝——要求有权者变得无力。实际上，对桌子的

---

① 指维尔纳·海森堡（Werner Heisenberg）。对于海森堡来说，解释某件事就是描述可以用适当的语言进行主体间观察和概念化的东西。参见《海森堡的解释和胡塞尔的证据：理想化语言中的本体论意义》（Heisenbergian Explanation and Husserlian Evidence：Ontological Significance in Idealized Language）。——译者注

目光展示了书写的无力而非权力。古老的拉丁文谚语"善终"（respice finem，意为"考虑尽时"）也许意味着我们应当总是想到死亡，但它也可以被解释为一种建议，即不要被工具束缚，要越过桌子去看。

当我坐在书桌前打算观察它（而不是写文章）时，它会冷漠对待我。这主要是出于两个原因：首先，桌子上有两种敌对工具（Antischreibzeuge），即电话和收音机，它们是书写宇宙中的两个外星入侵者；其次，笔的力量试图成为一种不受约束的精神（Geistes）的权力形式，表现为与书写工具的诡计（Tücke）的结合。

如果观察书桌上的这两个外星人，人们会产生一种感觉，仿佛它们代表了信息化的两个互相矛盾的形式入侵了书写。收音机提供背景音乐，有助于书写；电话则以它那愚蠢而持续的方式，即响铃，打断了书写。因此，可以推断，尽管信息化以一种愚蠢的方式打扰了书写，但笔的力量仍然有可能将它们转化为服务于自己的工具。这是一个错误的推论，因为收音机提供的背景音乐并非那种与书写产生的信息相区别的白色噪音（通信理论中有所提及），它是对书写的嘲讽。它轻声对书写者耳语：你生产的信息最终不是为了读者，而是为了我黑色的箱子，好让它也成为背景音乐。那不停地响着铃的电话也并不是为了打断书写，而是中断、分解它，它宣扬着：在我的内部有一种新的力量（neue Macht）在发声，笔的力量只不过是徒劳的挣扎。

展示在电视上的掌权者的空书桌，无论是可见的还是不可见的，它们都放置了电话机。对更有力量的人来说，桌子下面有一部红色的电话。掌握权力的人坐在书桌前是为了服务于电话，而不是为了书写。这种功能被视为权力。这就引出了一个维特根斯坦式的问题，即"这是一张书桌，但它不是用来书写的"这句话有什么意义？书桌上的这两个外星人是虚弱的，因为它们既破坏了笔的力量，也破坏了权力这个

16. 书桌：书写的权力意志

概念。

如果我们将注意力放在书桌上的其他物品上，那么将书写定义为符号化操作（Symbolmanipulation）就会变得可疑。事实上，在书写中，我正在与字母等软工具（软件中的字母）及其所代表的语言作斗争，还是说我主要是在处理那些顽固的、被撕裂的彩色带子，被卡住的活页夹和绝望的、错了位的纸张呢？从未在泪水中吞食过自己的面包（如在面对不再听话的打字机时流下愤怒的泪水）的人是不会了解这些笔的神奇力量的。文学批评只看到了书写的神圣之处（除了极端情况，如在古拉格集中营①中书写的文本），而没有看到其世俗之处。

书写确实是一种劳动（Arbeit），但它更接近身体上的劳动，而非精神上的劳动（对"劳动"一词的使用值得商榷）？书写不仅要运用作者那修长的指尖，还要动员他普通的手、牙齿和舌头。突然间，信息革命似乎成了救赎。如果我们看看广告中所谓的办公自动化所展示的桌子，那些干净、整洁的实验室式的桌子，前面坐着微笑着的优雅少女，操作着没有纸张的机器。再对比一下自己的书桌体验，我们就会发现，自己像中生代在泥潭中翻滚的恐龙。事实上，我们自己没有从事"精神劳动"，广告上的微笑着的少女们才是在从事"精神劳动"。坐在书桌前的书写者正是这些办公室女士所反抗的那种物质性反抗。实际上，这些少女确实在操作软件。只是与我们相比，她们是更为精神性的存在。

当然，一旦我们再次将目光从手段转向文本，一旦我们鄙视所谓愚蠢的东西，那种与笔的权力意志概念相关的热情就会重新占据我们，只

---

① 《古拉格群岛》（全称为《古拉格群岛，1918—1956，文艺性调查初探》）的作者是苏联作家亚历山大·伊萨耶维奇·索尔仁尼琴（Александр Исаевич Солженицын，1918—2008），他通过真实而残酷的描述引起了全世界的关注。这本书不仅记录了苏联集中营纵横交错的系统，也揭示了其中的人性悲剧。——译者注

是这种热情中已经渗入了苦涩的味道。我们现在轻视的这些物品确实是笨重的，但在广告牌上，我们看到的是智能化的书桌。也许我们会对书写充满热情是因为自己的书桌太笨重了？而且，随着它们日益糟糕，我们这些书写的人也会变得更笨吗？这个在书写用品店中浮现、在书桌上演变的存在性问题，将伴随我们所有的书写。它体现在我们的文本中，而且它永远不可能再保持沉默。正如法国数学家塞尔①所说，站在西北航道过渡处的书桌，一旦它的可疑地位变得明显，就无法使自己成为主题，它的四条腿在这场地震中摇摇晃晃。这一可怜的物种是无法得到救赎的。

将书写用品店和书桌综合起来的视角允许我们将书写的衰落视为政治的衰落（Untergang der Politik）。书写用品店像所有的展览和商店一样，表明城市及随之而来的公共空间（进行言说的地方）正处于消失的命运。特别是书写用品店展示了随着纸张的消失，与之相关的行动是如何消失的。书桌则表明了笔的力量如何走向虚空，并且无法再被实现。正如权力概念本身也被新的自动控制功能概念取代，所有政治思考（这是一种在权力范畴内的思考）也都在后书写情境（nachschriftlichen Situation）中消失了。通过综合书写用品店和书桌的视角，任何书写者的政治参与都被意识到是可笑的错误。因此，对于大多数现在还在书写的人来说，我不建议他们采取这种综合视角。此外，这种视角还揭示了手段与目的之间已知的不平衡关系。在整个书写文化中，手段一直是微不足道的，目标则是伟大和崇高的。然而，可

---

① 法国数学家让-皮埃尔·塞尔（Jean-Pierre Serre）在代数几何领域提出了一系列方法和理论。这些方法和理论为研究代数簇的结构提供了一种新路径，就像西北航道（Northwest Passage）连接了大西洋和太平洋一样，塞尔的方法为代数几何的研究提供了一个新视角。——译者注

笑的是,在考虑评价《神曲》所达成的目标时,让人联想到但丁《神曲》中的鹅毛笔是荒谬的。毫无疑问,在这种情况下,手段已经被目的神圣化了。现在的情况则不同了。在观察到一张智能书桌上聚集的各种极其复杂的工具(手段),并将它们与其声称提供服务的目的相比较后,我们可以(相反地)说,是目的通过手段被神圣化了。我们甚至只需要访问一个书写用品店就可以看出,它提供的物品比写就的笔记要伟大得多,但前者声称是为后者服务的,即这些物品中含有多少比它所生产的书写更为高级的智慧。这些手段已经变得相当聪明,以至于有它们自己就足够了。在所有的手段中,目的已经变得毫无用处了。手段成为自我的目的,自我的目的则成为所有手段和所有目的的过剩产物。这就是"媒介文化"(Medienkultur)的含义。这在核武器领域尤其明显,其手段如此强大,以至于询问它们的目的几乎是一种愚蠢。

最后,我们的目光转向了书写工具(手段),这完全符合"时代的精神"[1]——书写的目的被忽视了。如果精心排列的行被由点组成的拼图取代,那么"书写是为了什么"这个问题还有什么意义呢?

---

[1] 人们了解这个时代,是为了更好地生活。《时代的精神状况》是德国哲学家卡尔·雅思贝尔斯的著作,是一部存在主义哲学经典。弗卢塞尔同样以"时代精神"为关键词进行发问:人们将目光转向书写的手段,却忘记了书写的目的。如同雅思贝尔斯是康德的传人一样,弗卢塞尔也追随着康德式的追问:"人是生活在目的的王国中。人是自身的目的,不是工具。"此处,弗卢塞尔意在提醒世人意识到媒介技术本身仅是手段,最终是为人所用、服务于人的。因此,"书写何为"这一问题的意义是深远的。——译者注

17. 脚本：历史的终结与机械装置的开始

近年来，有些文本不是指向出版人，并通过他们指向读者，而是直接指向电影、电视和广播电视公司的制作人，并通过这些人指向观众和听众。编写这类文本的人被称为脚本作家（script writers）。尽管这个词语的词源具有"书写划刻者"（Schreibritzer）的含义，但实际上，这样的意义在德语中不常见。本章旨在融入这些人的生活。这并非易事，因为他们的立足之地很滑，所以他们站在倾斜的地面上——它连接文字文化的高原与技术图像文化的深渊。因此，脚本作家们经常滑倒，差点儿一头栽进深渊。他们像走钢丝的人一样试图通过文字的杂耍来保持文本与图像（文字与声音）之间的平衡，但他们做不到这一点，因为图像的重力场吸引（拉拽）了他们。当然，他们的马戏团表演并不是公开的盛宴，因为它发生在媒体内部，并且必须从其输出（它们的程序）中提取（解读）。如果脚本是在公众的马戏团中（脚本作家在媒体的大剧场前面对观众）表演，脚本作家的名声就会传遍各地。他们的名声会回响于正在消逝的书写文化空间，它会像尖锐的呐喊一样安慰并填补即将退场的文字书写文化空间——"将死之人向你致敬"（morituri te salutant）。

17. 脚本：历史的终结与机械装置的开始

　　脚本是一种混合体（Hybrid）：一半是一个用于上演戏剧的文本，也就是说它是索福克勒斯（Sophokles）的后代；另一半已经是一种机械装置的程序化（编程）了。同时，脚本是人工智能自动计算程序的示范形式本身。从过去的角度看，脚本作家可以被称为戏剧家；从未来的角度看，脚本作家是一个非完全自动化的文字处理者。但是，就像任何镜头一样，脚本作家也过着虽然短暂却带有一丝幽灵色彩的独立生活。如果我们把他看作正在信息化的索福克勒斯，并将其视为一个在滑溜溜的绳索上跳舞的人，那就是对他作出不公平的评价了。为了能融入他的生活，我们必须尝试设身处地为他着想。

　　首先，要区分广播脚本（Radioskripte）与其他脚本，因为其他所有的脚本都面向有声图像，广播脚本却面向无图像的说话者。本文在前面提出了一个假设，即未来所有类型的声音都将趋近有声图像。根据这个假设，广播、唱片和磁带可以被视作截去了图像的、残缺不全的传播媒介。它们能够存续和繁殖只是因为它们目前比相应的音频视觉媒介便宜。这个假设是有争议的：难道广播不是在电视爆炸式增长的情况下站稳了脚跟，并在信息化结构中占有了自己的一席之地吗？但是，当前的便携式收音机、高保真设备和随身听的膨胀恐怕只是一个暂时的异常现象（过渡期的现象）。一旦图像变得足够小，可以植入臂带（手环），并且它们发出的声音足够生动、灵活，足以超过其他所有传达到耳朵的声波震动，那么无图像的信息就会被证明是一种不必要的贫乏手段。可以预见，广播脚本作家的未来不会十分光明。

　　这是一件令人遗憾的事情，因为在所有的脚本编写者中，广播脚本作家离戏剧作家最近。与莎士比亚的作品类似，广播脚本作家的原话也被传送到空间中；就像莎士比亚的读者一样，听众如果被节目吸引，他们也会想要阅读脚本的文本。然而，这种相似性是有限度的。人们可以看《麦克白》的戏剧文本,在剧场演出前后或独立地阅读剧本。他们每次都会得到不同的信息:事先阅读是为了想象这出戏剧;事后阅读是为了确定戏剧中失去了多少文本内容,又增加了多少戏剧内容;独立阅读则是为了将文本去戏剧化(de-dramatisieren)。在少数情况下,当人们阅读广播脚本时,他们总是尴尬地意识到,自己把文本从节目的语境和整个广播节目的语境中撕裂了出来,即广播脚本的文本不能独立存在。如果它在本身内部闭合(文本本身自具完整性),那么它就是一个糟糕的脚本,没能完成它应该承担的程序功能。如果将脚本与戏剧文本进行比较,我们可以发现,它暗示着我们的情绪产生了一种深刻的转变,即我们不再生活在戏剧中,而是生活在程序中。

戏剧展示的是行动(Handlung),程序则给出行为(verhalten)规范。即使是最富有激情的戏剧(如宗教受难剧)也希望在我们心中唤起同情和恐惧,即唤醒行动动机。它通过各种行动插入程序,希望在我们内心唤起某些感知、情感和激情,以便我们能受其驱动。

戏剧性生活氛围基于一种对每个行动的唯一性、不可撤销性的信念,即一旦错过了一次机会,最终将错过所有机会。这是历史意识的氛围。程序性生活氛围基于对相同事物永恒回归的信念,即基于对所有行动的无差别信任。这种信念确实也总是被程序证实。这是后历史意识的氛围。广播脚本编写者是以程序性氛围来书写的,不论他多么想模仿剧作家。因此,广播脚本作家的未来也不会蓬勃发展(并非因为广播即将到来的危机),因为他在非戏剧性氛围(undramatischer Stimmung)中书写,而书写本身是一种戏剧性姿态。在编写脚本的过程中,广播脚本作家陷入自我矛盾。他成为一个特别具有破坏性的否定辩证法(negativen Dialektik)的牺牲品。

比广播脚本的嵌合体(Chimäre)更能说明问题的是其他类型脚本

的情况,即其他类型的脚本不再是文本,而是前文本(Prätexte,借口或前文本)。这个术语应该在这里发挥其完整的意义,即既包括"借口/欺骗"(Vorwand/Betrug)的意义,也包括"前文本"(Vortext)的意义。在这些脚本中,我们讨论的是那些应该被编码(程序化)成图像的字母行。在这里,字母表变成了一个辅助符号,其意图是制作图像。在字母文化的终结处,字母符号转而走向其对立面。字母符号曾被图像派遣去超越它们,现在它回到了图像身边却是为了再次创造它们①。如果我们把文字文化视作一条持续了三千年的单一线条(独特的"行"),我们就可以把文字文化视为一个从图像中走出,并再次回归图像的循环过程。

被降低为图片借口(伪装)的字母文字(前文本)只能是一种过渡现象。人们仍然在书写脚本,因为目前到处还散落着以字母为基础的装置,如打字机、文字处理软件和存储字母的大脑,而让这些装置闲置是一种浪费。就像世纪之交②的马车越来越少、汽车越来越普及一样,在不久的将来,这类装置将会越来越少见,而与新符号相匹配的装置将会日渐普及。很快,人们就不再需要乘坐马车去顺应图像时代了,脚本也将让位给功能性编码的图像指令。因此,脚本是一种双重的借口(伪装):它们假装是文本,实际上却是图像程序;它们假装字母在图像文化中仍然有其功能,实际上在脚本中,字母的原始形态只在一瞬间被利用,然后整体上从人们的视野中消失③。

---

① 即技术图像。——译者注
② 指19世纪末20世纪初。——译者注
③ 弗卢塞尔将这一过程描述为历史性(文本)转化为后历史性(程序)的过程,从而实现符号转换(文字符号转换为技术图像符号),如电影脚本生成电影图像的过程,以及后续出现的电影批评。这是从文字到程序,再到文字的一个过程。由此可见,技术图像的本源为文字,文字没有消失,只是发挥的功能有所不同。——译者注

脚本是文本的挽歌,这是对文学及对历史在精确意义上的告别。文本的本质在于它们是指向读者的,而脚本不再这样做,因为文本的核心特征(它们的坚硬内核)已经消融在脚本中了。脚本只是依然笼罩在虚无缥缈的文本幽灵而已,在文字文化的夜幕降临之际,在信息文化的新风吹拂之前,它们徘徊于文学的坟墓前。在它们最后的阶段中,我们看到了那些曾经推动我们走向历史的字母行——在断裂的行文的空隙中,粉碎的行吱嘎作响。在这种书写方式中,话语式的批评性思维不断生成,又不断被飞驰的图像打断。由文本最初设定的话语的悠长呼吸,在这里也已消散。我们可以谈论一种电报式的风格,同时发现一种独特的美丽,即紧凑性。但无论这种书写方式的断奏结构(Stakkato-Struktur)多么吸引人,它也只是一种借口伪装——一种对新的数字符号(digitalen Codes)的让步。书写的理想是连音(Legato),即区别性要素的绑定成行。脚本放弃了这个理想。如果一旦书写的理想被视为无法实现,那么就意味着对书写的完全放弃。以一种相反的方向,即向着断奏式的书写,也就是向着计算与电脑的方向进行书写,在这样的借口下,脚本就能被编写出来。这是可怕的,因为只有无脊椎的幽灵才能做出这样的扭曲(Verrenkungen)动作,即把批评性思维转化为无批判的观照(Kontemplieren)。

当然,书写追求的理想是无法实现的,因为所谓的连音并不存在。人们不能如流水般进行书写,尤其是在知道所有的波浪都是由水滴组成(物理学的量子说)之后。在这个词语被发明出来之前,人们就必须"量子化"①(quanteln)了,因为科学文本已经不再是以字母为基础了,

---

① 在物理现象或理论方面从古典物理的数学描写过渡到量子论的数学描写的趋势。——译者注

它们是字母-数字(alphanumerisch)的,并且其越来越趋近数字化,越来越少地以字母作为基础。

写方程式与写脚本完全不同。究其原因:当我使用算法时,我就已经触及了字母的极限,并试图越过这个界限,向批判性思维前进;当我写脚本时,我令批判性思维服务于无批判性观照的图像。这里涉及话语思维的欺骗,即对书写精神的背叛。正因为数学符号与新符号之间具有无法否认的表面相似性,所以我们必须指出这些基本意图的区别:数值符号(numerischen Codes)的意图是将字母推至其自身之外,数字符号的意图则是将字母扔到船外并将其埋葬于大海。脚本是朝着数字符号的方向进行的书写。

脚本是书写者离开沉船的方式,它能够以形式上的、存在上的方式被理解。写作脚本的人已经彻底向图像文化投降了。从文字文化的角度来看,图像文化就是魔鬼本身。脚本作家实际上是以字母的方式服务于这个魔鬼,并让它使用了字母。他们从文学的沉船上撕下字母,并将它献祭给魔鬼(图像)。脚本作家则将自身奉献(verschreiben,这个词语在字面意义上具有背叛和错误写作的意义)给了魔鬼。哲学家朱利安·班达在他的著作《知识分子的背叛》①(La trahison des clercs)中提到了这种背叛(verschreiben),但具体是否为这一词语是存在疑问的。不过,如果他目睹了当下的电影和电视节目,他可能就会这么想,即没有其他背叛比脚本作家的背叛更明显了。这种背叛的后果无处不在。

线性历史通过脚本被投射进图像,在其中按照程序的重复而转动

---

① 参见[法]朱利安·班达:《知识分子的背叛》,佘碧平译,上海人民出版社2015年版。——译者注

(drehen，也有摄影的意义）。这就是某些脚本被称为"转动之书"（Drehbächer①）的真正原因，即它们的页面（文字的行）应该被旋转（脚本化）成圆圈。这种旋转对于将文本程序化为图像而言是成功的，因为这些图书背后有进行程序化的机械装置。它们吞噬文本的行，并将其程序化为图像（技术图像）。因此，三千年前从（传统）图像中爆发出来的历史，通过脚本的毛细血管阶段流回了图像（技术图像）。这个过程的恐怖（具有幽灵性）之处在于，历史的进程在这个过程中被加速了。机械装置越来越贪婪地吸收脚本形式的历史。在这种吸力中，它冲垮障碍，落入图像的漩涡。这是前所未有的。直至发明制造图像的机械装置之前，历史的进步从未如此气喘吁吁过，因为历史终于有了一个具体目标，它正朝着这个目标奔跑，即被设定为"图像"。一切事物的产生都越来越明确了。

因此，脚本作家站在历史的终结及机械装置的开端。他们加速了历史的产出，以提供机器所需要的输入内容。脚本作家向机械装置提供历史，并通过这种方式将事物产生的意义传递给机械装置。这种意义应该由图像赋予。这是脚本作家对历史的可怕的背叛。我们没有全天候地感受到这种背叛，只是因为我们已经在电视上和电影院中失去了历史意识。这些脚本作家，这些在媒体马戏团中捕捉文字的斗士，为了榨取它们而将其编织成网。从这个过程的本身而言，他们并没有引起我们的愤怒，因为我们已然没有了意识，没有了力量，我们甚至无法在图像背后真正地注意到他们（脚本作家）。我们没有意识到字母对图

---

① "Drehbächer"一词是由"转动+书籍"组合而成，其含义为"脚本"。此处，作者一语双关，指出文本的历史被投射进技术图像的宇宙。也就是说，古腾堡星汉在装置的作用下发生了转动，进而生成了后历史的"程序"。——译者注

像仍然作出了贡献。在这个非常关键的意义上，我们已经成为文盲（Analphabeten）了。

字母符号的余晖依然洒照，我们仍然凝视着由其投射出来的图像①。与此同时，我们身后的事物正在发生改变，它们最初的光芒已经触及我们所处的场景——就像柏拉图洞穴（Platons Höhle）中的奴隶一样，我们必须转身面对这些新出现的事物。

---

① 这里包含两层含义：其一，字母符号投射出图像，即技术图像的本源乃文字符号；其二，文字余晖（文字和书写依旧存在）与技术图像（新生事物）同在，人类则处于人类传播大变革的临界点上，即"我们是站在历史（文字时代）与后历史（技术图像时代）边界上的人"。——译者注

18. 数字符号：量子理论对相对论的超越

为了理解当前正在发生的变革，从目前已被提出的观点来看，自然科学具有特殊的地位。自然科学至少从 19 世纪开始就是我们所剩下的唯一权威，即我们服从于它们的陈述，而没有任何强制性权力强迫我们这样做。自 20 世纪初以来，由于自然科学一直推陈出新，以至于我们还无法将其消化殆尽。无论这种新生事物如何多样化，它们都可以归结为两个关键词，即相对论（Relativität）和量子（Quanten）理论。

第一，相对性的概念意味着，迄今为止被视作绝对的空间和到目前为止被视作显而易见的清晰连续的时间，归根结底只不过是"观察者"即主体之间的关系而已。因此，距离，也就是间隔，成了认识的根本问题；在不久的将来，知觉、感觉、意愿和行动的问题也会成为根本的问题。

第二，量子理论的概念意味着，迄今为止被视为坚固的世界只不过是一堆混杂的粒子的偶然组合而已。因此，偶然性与统计学成为与这一世界相应的数学性框架（Mathesis），原因与结果依然仅仅呈现为统计的盖然性①。这显然是我们的感觉、意愿和行动发生了革命性的变化。我们不能再像以前那样生活了。

这些新声明不仅是理论上的陈述，它们还值得我们平静地讨论。它们已经深入实践，并开始从根本上改变我们的生活。只需列举一下"原子能电站""热核武器""人工智能""自动化""电子信息革命"这些词语就足够了。这意味着我们每天、每小时都在与这些新声明进行存在性的对抗。它们从实践的角度出发，一方面为我们打开了前所未有的自由和展开创造性的视野，另一方面又威胁到我们的精神和物理的未来状态。在将新的理论声明翻译成技术实践的过程中，量子理论（Quantentheorie）的进展速度超过了相对论。这并不意味着未来我们无法从相对论中期待前所未有的实践结果，想想太空探索就足够了。但这意味着，我们必须现在就全力以赴地关注量子理论提出的问题。这些问题是存在性的，是政治的、美学的，绝不仅仅是认识论和实践的问题。我们不能将它们留给科学家和技术人员。

我们过去所称的"物质"（我们并不确切地知道所指的是什么）在当前看来是一个复杂得多的事物。我们的身体居住在分子层（Molekule），下面是原子层（Atome）、核子层（Kerne）、强子层（Haptons）、夸克层（Quarks），上面则是星系（Galaxien）和黑洞层（schwarzen Löcher）。这些层之间如何相互作用是一个开放的问题。也许这就像俄罗斯套娃，每个娃娃都被一个更高层次的娃娃包含并包

---

① 参见《现代汉语词典》（第7版）。盖然性是有可能但又不必然的性质，指人们对事物的认知达不到逻辑必然性时所使用的一种认知手段。在现实世界中，偶然事件发生的可能性也是具有规律性的，其规律性的大小可以根据大量现象进行预估。例如，战争并不是只依靠逻辑推理和指挥者个人的表现艺术，它具有太多的偶然性，当偶然性表现出必然规律时，就呈现为盖然性。弗卢塞尔在这里借助这一术语来说明人类传播的作用，即人类传播是以人为性的信息积累与创造活动的非盖然性来反抗人类向死而生的盖然性的。——译者注

含一个更低层次的娃娃，以至于天文宇宙都只是某个尚未被认识的超级宇宙的一部分，并且包含夸克宇宙，而我们对它们一无所知。也许这是层层叠加的场的折叠，也可以说是折叠的折叠的折叠。顺便说一句，想从中形成一个画面的尝试①是一项令人迷失的事业。在这个背景下，事情的关键是，我们发现作为身体的自己居住在分子层，但作为思考的事物，我们居住在强子层。尽管这一发现已经得到了实际应用，但其后果是难以想象的。

每一层都有其相应的结构：天文层是爱因斯坦式的；分子层是牛顿式的；在原子层，物质和能量变得模糊；在核子层，因果关系消失了；强子层需要新的数学和逻辑；在夸克层，试图区分现实与符号（Symbol）是没有意义的。

各层之间的界限变得模糊：宇航学从分子走向恒星；化学从分子走向原子；核物理从分子穿越原子到达原子核。但迄今为止，所有的旅行都是从分子出发的。这种情况将会有所改变。一旦我们更好地理解了我们思考的结构，我们就会从强子［以及轻子（Leptons）、胶子（Gluons）］出发，进入分子。我们将从下而上地看待、认识和处理分子的世界，以及具体的事物、动物、房屋、人体。我们将能创造出一种化学未曾设想，遗传学只是模糊预感的分子物质（有生命和无生命的实体）的制作方法。

实际上，思考是一个与电子、质子及其他类似粒子有关的过程，这是我们对神经生理学的认识。它表明，在构成大脑的天文数量的神经突触中，这些粒子跨越距离跳跃。因此，我们称为思想、感觉、愿望、决策的东西，被证明是一种统计上的量子跳跃的集合（数据统计）；我们称

---

① 指对此进行描绘。——译者注

为感知的东西，被证明是一种量子跳跃到计算概念的集合。在大脑中，印象①(Vorstellungen)是从截然不同的元素中形成的，并且从那里再次涌现(以量子的方式)思想、愿望、决策、感觉等。这具体是如何发生的呢？鉴于大脑惊人的复杂性，它是无法想象的，但可以通过思考机器来简化地模拟(再现)。因此，这种对思考的认识在实用上是正确的。

　　思考发生的维度对我们来说有两个不愉快的方面。首先，我们不能观察到它，否则观察本身就会改变被观察的对象，所以这里不存在无主体的客体意义上的客观性(Objektivität)问题。其次，在该层面上，纯粹的偶然发挥着支配性作用。虽然我们可以用统计学来安排曲线，但预测一个单独粒子未来的形态是没有意义的。也就是说，所有可能的事情，甚至是极其不可能的事情，都必须随着时间的推移必然发生。这种不确定性(无法把握对象)和不可预测性(一切可能的事情都将必然发生)都标志着思考。然而，我们可以控制它们，不仅是不可确定性和概率计算，甚至是控制论也是与思考相应的。需要注意的是，控制论的控制本身来源于不可确定性和统计概率的层面。令我们在这里旋转的这种眩晕的循环表明，当我们第一次开始学科化地思考时，即开始"元思维"时，我们就重新开始思考了。

　　第一，在这种对思考的思考(元思维)中产生了信息革命。我们说这是一场革命，因为它扭转了世界和人类的出发点。它不再从固体事物(分子)出发，而是从像电子和质子这样的粒子出发，即从思考的层面出发。正因如此，它来自下方，可以比所有先前的革命更彻底地改变

---

① 大脑中的印象是一种"图像"。电脑模拟大脑的印象生成相应的"图像"。这种由电脑装置生成的图像是一种新的"表面"，其结构、功能与前历史时期的表面完全不同。——译者注

固体事物，包括人类的身体，更不用说它对作为思考实体的人类所造成的改变。尽管这场革命才刚刚开始，但我们已经可以识别出它的某些基本特征。例如，它允许我们将固体事物视为仅仅是技术上（而不仅是哲学上）的现象，所以世界中的这些事物必定变得越来越无趣。第二，它允许粒子在屏幕上变得可见。在那里，它们被计算成图像，所以世界中的这些粒子必定变得越来越有趣。第三，它允许我们制造自动思考和劳动的机器。这些机器基于引导性的粒子跳跃，所以所有与思考和劳动相关的价值都必须被重新评估。第四，它允许我们从信息技术的角度分析和解构思考过程，所以我们必须学会以不同的方式思考。

至少有两件事情标志了这种思考方式的转变。第一，我们只能思考图像，除了思考之外我们什么也不想，因为所有我们称为感知的东西，无论是外部的还是内部的，都不过是大脑计算出来的图像。第二，思考并非一个连续的、辩证的过程，而是"量子化"的过程。这是一种与西方文化标志性思维方式截然相反的认识。对我们来说，思考是一种进展过程中的分离，它从图像、概念中解脱出来，通过批评而变得越来越概念化（并且现在仍然如此）。我们要感谢字母表让我们理解了思想，并且我们要感谢这种理解，因为它正是字母表的贡献（反馈）。数字符号产生于对思考的新理解，并且由于上述反馈，我们越来越多地以量子化和图像化的方式思考，我们也越来越依赖这些符号。

在这里，我们应该分开考虑新符号的量子结构及其成像功能，尽管结构和功能显然是相互对应的。就像字母的线性结构可以与其功能（写故事）分开考虑一样，哪怕结构和功能是相互制约的。新符号的数字化（它们通常是二进制类型的"1 和 0"）取决于为它们设计和解读符号的装置的结构。这些装置类似电报，即电子流或者通过（1+），或者

18. 数字符号：量子理论对相对论的超越 | 151

中断(0—)。本质上，新符号所做的不过是给这种机械的电流的开启和关闭赋予意义，即对其进行符号化（就像在旗语①符号中，机械地举起和放下手臂被符号化一样）。

装置是根据"1 和 0"的结构建造的，因为它们模拟了我们神经系统的设计方式。装置涉及的是在神经突触之间机械地（和化学地）开启和关闭电子流。因此，数字符号是一种方法，是自从人类开始编码（符号化）以来，首次赋予大脑中量子跳跃（quantischen Sprüngen）以外部（通过装置）意义的方法。我们在这里面临着一个自我吞噬的认识论难题：大脑是一个装置，它为自身发生的量子跳跃赋予意义，而它现在正将自己的意义赋予功能投射到外部装置上，以便再次吸收这个被投射出去的功能。因此，新符号之所以是数字的，是因为它们（在模拟的大脑中）模拟了大脑的意义赋予功能。

这种编码（符号化）是一种非常快速的点对点的脉冲增加和减少，即一种计算（Kalkulieren），它不必是线性的。例如，1＋1＋1 的形式可以是多维的。又如，可以将点脉冲加减到表面上，然后就会出现由点构建的奇特图像。这可以被称为计算，因为点可以紧密地聚集在一起被计算，以至于它们的马赛克结构从我们的视野中消失了。在大脑中也会发生类似的事情，其中计算出来的图像被称为印象（Vorstellung）。装置模拟了这种大脑功能。我们在它们的屏幕上看到的是模拟的"印象"，无论是世界的物体图像（房子、树木、人），还是内在于大脑过程的图像（方程式、投影、幻想、意图、愿望）。我们从图像本身无法看出它们是外部（所谓的现实）还是内部（所谓的虚构）的可想象图像，但这同样也不适用于大脑的印象。是否这种在本体论上对真实与虚构的区分，

---

① 一种利用手旗或旗帜传递信号的沟通方式。——译者注

这种图像批评,实际上是可能的(如果真的可能,它又是否有意义)？这恰恰是大脑功能投射到装置上时体现出的问题。

模拟(Simulieren)是一种简化的描摹(Karikieren),它简化了模仿的对象,并夸大了它的某些方面。杠杆是对手臂的模拟,因为它忽视了手臂的所有方面,仅关注它的提升(举起物体)功能,并将其发挥到了极致,使得它能比被模拟的手臂功能发挥得更好。通过数字符号表达和制造图像的思考是一种思考的漫画式描摹。但是,仅仅因为这种新的思考方式就想当然地认为它是愚蠢的,或者甚至只是片面的,这是危险的。杠杆是肌肉功能的第一次简化描摹,它导致了装置的产生,而这些装置在大多数领域消除了人体肌肉的功能。在思考的模拟方面,我们正处于杠杆的高峰。我们刚刚开始学习思考,这意味着将大脑过程投射到外部,从而使它们摆脱心理、哲学、神学意识形态的束缚,并让它们完全展开。从意识形态的角度蔑视这种思考的模拟并不能阻止思考从头脑中涌现,但这种观点会毫无必要地使通向自由思考的艰辛道路更加困难。因此,在尝试解放思考的过程中,那些由字母符号和历史思考滋养的批评家和启蒙者成了绊脚石。

正如字母符号最初反对象形文字(Piktogramme),现在数字符号正在超越字母,以取代它们。正如最初基于字母的思考反对魔法(魔术)和神话(图像思维),现在基于数字符号的思考正致力于对抗过程性(prozessuell)、进步性的意识形态,以结构性、系统分析性、控制论的思维方式取代它们。历史上,图像曾抵制被文本取代,现在字母符号也在抵制被新符号取代。这对所有致力于继续书写文本的人来说只是一种微小的安慰,因为事情已经加速了。文本在经历了三千年的斗争后,直到18世纪的启蒙时代才成功地将其图像和魔法(魔术)神话推到了博物馆和潜意识这样的角落。目前的斗争不会持续太久,数字思维将更

18. 数字符号：量子理论对相对论的超越

快地获胜。然而，20世纪明显受到图像的反动叛乱的深刻影响。我们可以在无法被预见的未来预测一场被取代的文本对抗电脑程序的反动叛乱吗？

19. 重新编码：从文字文化到新图像文化的转向

我们将会需要重新学习（umlernen）很多东西，这是十分困难的，因为要学习的内容难以掌握。更重要的是，我们一旦学过，想要忘记它也并不是一件容易的事情。人工智能的一个优势就是它们可以轻易地执行遗忘功能。我们要向人工智能学习遗忘的重要性。这是一种具有暴力性的重新学习，因为它要求我们重新思考记忆的功能。在我们的传统中，记忆被视作永恒的所在。例如，对犹太人来说，将祈祷文记住是生活的一个目标。同样，对于我们而言重要的是，需要学习从记忆中抹除某些东西。这就意味着要学会从永恒和死亡，从荣誉和匿名中重新评价记忆。

在面对迅猛发展的新兴事物时，我们必须重新学习的首要内容可能是过程性的、进步的、线性的思维方式（lineare Denkart），即那种通过线性文字表达的思维方式。我们需要从记忆中删除字母符号，目的是在那里存储新的符号。

但是，我们是否有可能学习新的符号，而不必删除记忆中已经存储的内容呢？大脑又是否为一个几乎未被使用的记忆库，其中有许多空间可以容纳新事物呢？同时，这种情况是否能更有力地应用于我们将要构建的巨大的人工记忆储存装置？难道这不正是辩证法所说的，被超越之物并非消亡，而只是被扬弃吗？因此，我们是否可以想象，在未来，新的符号将以字母符号为基础，并在自己的内部将字母符号吸收并提升至新的维度（对字母的扬弃），以至于我们成为超字母符号（Superalphabeten）的人，而不是文盲（Analphabet）呢？

　　这是不可想象的。我们无法在记忆中基于字母符号存储新的符号，因为这些符号无法忍受字母符号。相较于字母符号而言，新的符号具有不可调和的帝国主义属性，它们无法忍受背后继续进行的一种思维——这种思维旨在批判图像。数字符号和字母符号的关系不是一种辩证的矛盾，即并非图像生成符号与图像批判符号之间的辩证法矛盾，它们可能在一定过程中相互转化为某种综合（Synthese）。相反，这里涉及新的空间与时间体验的涌现，因此涉及一个新的时空概念的诞生。其中，旧的经验和概念无法被超越。这不再以辩证法的方式被分析，而更多是用托马斯·库恩①的范式（Kuhnschen Begriff-Paradigma）概念加以说明，即它不是对立的综合，而是一个突然的、前所未有的跳跃，从一种维度跳跃到另一种维度。这就是所谓的"范式转换"。随着数字符号的出现，一种新的空间时间体验浮现出来。它必须像一个新的范式，消灭所有先前的传统经验，即所有那些尚未被旧概念"普遍存在"和"同时性"涵盖的经验。在这种体验中，字母符号的命运不是被扬弃，而是新符号抹除了字母符号。

---

① 托马斯·塞缪尔·库恩（Thomas Samuel Kuhn，1922—1996），美国物理学家、科学史学家、科学哲学家，1949年获得哈佛大学物理学博士学位，代表作有《哥白尼革命》和《科学革命的结构》。在他的科学哲学思想中，"范式"（paradigm）是一个核心概念。他在《必要的张力：科学研究的传统和变革》（1959）一文中首次引入这个概念，后在《科学革命的结构》（1962）中作了进一步完善。但是，这个概念引起了人们的争议和批评。1974年，他为此特意写了《再论范式》一文，进一步补充了自己的观点。——译者注

由数字符号生成的图像无处不在(甚至超出地球表面),而且它们同时存在。它们总是可访问的(甚至在无法想象的遥远的未来),并且能被"现在化"。在这种图像中,现在、未来、过去,特别是距离("远")和"近"[Nähe,间距(Abstand)]的概念获得了新的意义。虽然在学习这些新意义时相对论可能对我们有所帮助,但我们必须使它们生存论化(existentialisieren)。如果我们尝试这样做,我们就将更多地受到时间流程的逆转的影响,而不是通过图像对空间进行吸收,即不再是从过去到未来,而是从未来指向现在。"未来"(Zukunft)与"可能性"(Moglichkeit)成为同义词,"时间"与"盖然性"(Wahrscheinlichwerdens)成为同义词,"现在"以图像的形态使可能性得以实现。"未来"在众多的可能性中成为多维的扇形(Facher),即向外扩展到无限,向内表现为当前的图像。"空间"不过是这个可能性领域的拓扑结构。数字符号则是将这些可能性领域置入图像的一种方法。因此,批判这些图像并不是要揭示它们掩盖的东西,而是指出哪些可能性实现了,以及哪些可能性没有实现。线性、历史、字母符号式的思维对于这种批判是不适用的,所以必须被抹除。

　　也有人尝试将字母符号式的思维转化为数字思维,从而继续书写。例如,我们可以这样论证,虽然线性思维和线性书写规则(如布尔逻辑①或关于自由意志的历史意识)确实不适用于多维思维,尤其是量子思维,但线性历史时间及其因果性和进步性不是新空间时间体验的众多维度之一吗?当我们体验新图像时,我们不也是在体验历史吗?因

---

① 布尔逻辑得名于乔治·布尔(George Boole,1815—1864),他是19世纪最重要的数学家之一,出版了《逻辑的数学分析》。1854年,他出版了《思维规律的研究》,这是他最有名的著作。在这本书中,布尔介绍了以他的名字命名的布尔代数。现在,布尔逻辑在电子学、计算机硬件和软件中有广泛的应用。——译者注

此，我们是否可以说新的（相对论的、现象学的、控制论的等）时间体验（和空间排斥）确实在某种程度上扬弃了历史的、字母符号式的思维呢？我们是否可以期望书写会继续进行，即使只是为了描述新事物呢？可惜，这些尝试相当谦逊，不过是试图在未来的文化织物中为书写提供一席之地。

这种尝试展示了遗忘有多么困难。那么，我们到底为什么想要描述即将到来的事情呢？就像这篇文章绝望地试图做的那样，这要付出多大的努力啊！试图描述将来的事物就是试图强迫它进入传统的思维方式。同时，它描述的是这一即将到来之物如何必然（因果关系）地源于传统之物，并试图在传统之物那里进行阐释。

正是因为无法描述（unbeschreiblich），新事物才具备了新颖之处。这意味着新事物的新颖之处恰恰在于其无意义（Sinnlosigkeit）想要被解释。启蒙主义已经走到了尽头，再也没有新的事物可以被解释了。其中没有什么是神秘的，它是透明的，就像一张网。它的背后没有隐藏任何东西。启蒙主义在新事物中展示了危险的即将来临。它必须开始自我启蒙（selbst aufzuklären）。字母符号是启蒙主义的符号，所以如果还要继续书写，那就只是为了解释字母符号，描述文字。否则，就没有什么可以解释和描述的了。

在这种拯救尝试中，涉及的是历史思维的批判能力。字母符号式的思维不应该终止，这样我们才能批判地面对新的图像。但是，"批判"也需要重新思考。在旧的环境中，批判意味着将批判的对象分解为其元素。例如，字母符号先将图像分解为基本单位，即像素，然后对它们编码（符号化），并将它们排列成行，从而进行批判。但是，对于这些新的图像，这种批判是不适用的，因为它们是合成的，即它们是由之前孤立的像素组成的。数字符号合成了已经被彻底批判、彻底计算过的东西。旧意义上的批判对这些图像能做的唯一的事情就是发现它们是由电子(Elektron)经过计算而构成的。如果批判者想要批判合成者的意图，那么最终在任何地方能找到的都只是被计算过的电子。旧的批判，即这种将固体分解的方法，它隐约会在深渊或虚无中失败。这完全是一场徒劳，因为事情从一开始就洞若观火——在新事物中没有什么坚固之物是可以被批判的。同时，这里需要一种完全不同的批判方法，即几乎可以被称为"系统分析"的方法。但是，字母符号式的思维是不适用的，所以我们不会对图像采取不加批判的态度。相反，我们将开发新的方法，以便于分析和重新合成新图像。这样的方法已经在被开发了。尝试拯救旧的批判思维可能是崇高的，但它完全偏离了目标。

如果这种记录方法还算一种书写，如果人们还可以说这是关于从旧符号到新符号的重新编码(符号化)的话，我们将不得不学习这种数字书写。如果人们将数字符号视为文字符号，并将它们视为前文字图像制作和字母符号文本制作的延续，那么可以说我们必须学会重新编码(符号化)一切——不仅是已经书写了的东西，还有将被书写的东西。我们不得不将整个文字记录下来，不得不将我们的文化在整个实际和想象中的图书馆转换为数字符号，以便将它们喂养到人工记忆中，并从那里进行检索(调用)。我们还不得不将所有要被书写的东西，所有那些设定在我们的文本中的未完成的思路转换成数字符号。然而，如果人们在数字符号中看到一种彻底的、新的思维方式的表达，发现了这种不再能被称为书写的东西，那么可以说，我们将被迫删除我们整个实际和想象中的图书馆，以及其中所有的成就和所有被设定的出发点，为新的事物腾出空间。从根本上说，这两种表述实际上是相同的，即我们将不得不学习重新思考我们的整个历史。换句话说，我们不得不返回历史之前，挺进历史之后。这是一个令人眩晕的问题。

19. 重新编码：从文字文化到新图像文化的转向

这个问题的眩晕性在我们设身处地地为未来的读者考虑时而变得明显。假设整个世界文学已经被数字化编码，被存放在人工记忆装置中，并且假设它与原始的字母形式相分离。未来的读者坐在屏幕前，准备调用存储的信息。这不再是一个被动地沿着指定行阅读（堆积）信息片段的过程。相反，它更多的是一个在可用的信息元素之间主动建立交叉连接的过程——正是读者自己从存储的信息元素中首次创造出他赋予了意图的信息。在这种信息生产中，读者拥有多种连接方法。这些方法由人工智能提议（目前被称为"菜单"的调用方式），但读者也可以在其中应用自己的标准。毫无疑问，未来会有一门完整的科学[①]（文件科学的启动，Dokumentationswissenschaft）用以研究调用和连接信息片段的标准。在这样的"阅读"中会出现什么东西呢？我们可以通过下面的一个例子来阐明。

假设读者对科学史感兴趣，也就是假设读者对某一系列的信息感兴趣，那么这些信息就为当前的读者提供了一种年代记形式的结果（chronologische Folge）。按照我们当前的阅读和思维方式，可以假设亚里士多德出现在牛顿之前。然而，对于未来的读者来说，亚里士多德和牛顿，两个人都已经被数字化编码了，读者可以同时选择二者。因此，读者可以同时调用这两个系统，而且是以它们相互重叠、相互干扰的方式。例如，在牛顿的系统中，惯性会刺激亚里士多德的系统中的动机，亚里士多德系统中的正义原则也会与牛顿系统中的因果链冲突。读者将能操纵这两个重叠的系统，从而产生一个中间阶段。其中，亚里士多德的系统可以从牛顿的系统中提取出来，正如牛顿的系统也可以从亚里士多德的系统中提取一样。读者将从可用的数据中了解到，尽

[①] 弗卢塞尔在这里指的是一种记录、检索信息的科学。——译者注

管牛顿的系统实际上确实比亚里士多德的系统年轻,但他同样扭转了历史的进程。

我们选择讨论这个例子,目的是表明未来的读者将能自由地建立信息元素之间的各种联系,包括线性的、历史性的联系。他们能从自己的数据中阅读科学史,但这种阅读所产生的历史并非我们的"历史"概念所能阐释的历史。这种历史意识,即这种沉浸在不可逆转的时间洪流中的意识,对未来的读者来说是模糊的。他们正在创建自己的时间流(Zeitströme),并站在它的上方进行编织。同时,他们不是沿着行阅读,而是编织出一张自己的网。

将文学重新编码成新的符号是一个令人眩晕的学习任务。它要求我们从思想世界中转移到一个陌生的世界,即从口语的世界进入表意图像的世界,从逻辑规则的世界进入数学规则的世界,尤其是从线条(行)的世界进入由点构成的网络的世界。

我们可能无法在构建翻译理论(Übersetzungstheorie)和翻译哲学(Übersetzungsphilosophie)之前开始重新编码。这离我们还很遥远。然而,我们可以观察到,到处都在进行重新编码。(尽管还不是在现实之中,但哪怕是在想象之中,通过重新编码,文本也依然开始走向了消失。)

在将文本重新编码成电影、唱片、电视程序和计算机图像的过程中,科学文本所做的是最值得注意的。基于逻辑和数学思维的陈述在这个过程中变成了图像,而这些图像是动态的、具有色彩的。因此,科学思维在没有相应的翻译理论的情况下被翻译成了新的符号。与这种认识论风险相比,政治风险和审美风险(如将小说改编成电影或在电视屏幕上传播诗歌)似乎变得不那么重要了。

在重新编码的情况下,我们面临着两种相反的倾向:一方面,有些

19. 重新编码：从文字文化到新图像文化的转向

人不想重新编码，因为他们不相信有必要重新学习；另一方面，有些人对所有已经写出来的和将要被写出来的东西都跃跃欲试，想要将它们数字化（重新编码），因为他们或者会觉得这是一次冒险，或者只是简单地对所有这些书写出来的东西感到厌倦。介乎这两个极端的是那些既意识到重新编码或转型的必要性，也意识到其困难的人。这些人可能会提出翻译理论和翻译哲学。如果他们这样做，那么从字母文化到新文化的过渡就可以变成对思考和生活条件（Lebensbedingungen）的自觉超越。如果他们不这样做，那么就可能会有陷入文盲野蛮（analphabetische Barbarei）堕落的风险。

我们可以反驳说，毕竟一切只是悬于刀刃①之下，因为它没有真正地落入两边中的任何一边。这不禁让人推断出那著名的刀刃可能非常钝。但是，我们对刀刃的感觉能让我们对自由负责吗？如果向前看，我们面前是锋利的刀刃；如果向后看，则是缓缓流动的浆糊②（Brei）。那么，我们应该向前看吗？当前从字母文化向新文化的过渡对我们这些读书人而言，就像在深渊中耍杂技。对我们的后世子孙来说，它可能被视作一次愉快的散步。可惜，我们不是后世子孙，他们是可以在幼儿园舒适地学习新事物的。那么，我们必须再次返回幼儿园吗？

---

① 弗卢塞尔所言的"刀刃"是一种比喻，类似于"达摩克利斯之剑"。——译者注。
② 前进一步为刀刃，后退一步为浆糊（滚动的粥）。从字面上看，退后一步较为保守、安全，前进一步则犹如跃入深渊。不过，弗卢塞尔认为，此时的进退维谷需要人的决断，这便意味着自由。从上下文可知，弗卢塞尔并不提倡后退，而是鼓励人们勇往直前，因为其代价不过是"重返幼儿园"（重新学习）。——译者注

20. 签名：联名抵抗第二次文盲潮

我们必须再次返回幼儿园。我们必须下沉到那些尚未学会阅读和书写的人的水平。在这个幼儿园里，我们必须用电脑、绘图仪和其他类似的机械装置来学习幼儿游戏。我们必须使用这些复杂、精致的工具来进行儿童式的活动。这是千年精神发展出来的成果，也是一种我们必须接受的退化。与我们共享游戏室的孩子们在操作这些愚蠢而精致的工具方面的技能超越了我们。对于这种代际秩序的颠覆，我们试图通过术语予以掩盖。当我们这样笨拙地玩耍时，我们称自己为"先进的电脑艺术家"，而不是"落后的白痴"。我们试图通过为自己的杂耍赋予学术的、崇高的评论来夸大自己。这些评论是按字母顺序排列的，以向我们自己和其他坚持旧方法和思维方式的人炫耀，但它是无法欺骗任何人的。当我们坐在迷你电视（Minitel[①]）、苹果电脑和康懋达电脑（Commodores[②]）

[①] Minitel 是 1982 年由法国自行建立的国家网络，其出现早于互联网，在运行期间一直靠法国政府资金支持。2012 年 6 月 30 日，由于运行费用高昂、技术落后等问题，Minitel 被互联网取代，退出历史舞台。——译者注

[②] 康懋达公司是与苹果公司同时期出现的个人电脑公司，它于 1982 年推出的 Commodore 64（也称 C64）是吉尼斯世界纪录上销量最高的单一电脑型号，随后于 1985 年率先推出世界上第一个多媒体计算机系统 Amiga。1994 年，康懋达公司宣布破产。——译者注

面前时，我们所做的一切是如此原始，以至于没有任何学术会（Symposien）、工作坊（Workshops）或研讨会（Seminare）能够掩盖它。这简直就是思维的一幅简图。

我们的传统准备了各种正当理由来解释我们这种故意的退化。例如，耶稣难道没有劝说我们，如果想要进入天国，我们就应该像小孩子一样吗？[1] 只是，消除经过努力而获得、坚持和捍卫的意识维度并没有那么简单。在耶稣时代，可能要减少古希腊的科学和艺术、犹太的神学和律法，目的是为一种天真的信仰让位。正如我们所知，这一结果产生了那种被我们称为早期中世纪（frühe Mittelalter）的奇怪的混合物——原始、野蛮和堕落（Dekadenz）。然而，回顾起来，我们意识到在这种混合物中有一个获得了伟大发展的种子，它带来了作为文艺复兴的希腊思维方式的重建，以及作为宗教改革的犹太思维方式的重建。我们对于当前的原始化、野蛮化和堕落并没有保持足够的距离，以至于能在其中认出获得了伟大发展的种子，因为我们能感觉到这种伟大。我们并不是基于某种希望的原则（对乌托邦的希望）回到幼儿园的，而是基于绝望的原则，即不可抗拒的信念——我们不这样做不行。

因此，随着幕布缓缓降下，它覆盖了曾经上演文字文化戏剧的舞台，那是精神与蒙昧主义（Obskurantismus）力量斗争的戏剧。在这场戏剧中，有一些令人毛骨悚然的场景：反派（如以纳粹主义的形式）占据了舞台的中心，主角本身（如以宗教裁判的形式）产生了令人毛骨悚然的扭曲。这样的场景使对衰落文化的任何参与都受到了质疑。然而，我们并不容易地告别了这场戏剧。它是一场宏伟的演出，我们仍然为之着迷。我想说的是，"我们是来埋葬（Begraben）恺撒，而不是来赞美他的"。

---

[1] 参见《圣经·马太福音》。——译者注

当大约三千年前人们在那个地中海的东部角落开始字母写作时，相比于我们的时代，先人们的生活环境既狭小又充满障碍。那里已经存在了几代人，有些人亲自讲述了他们的起源。世界的规模虽然宏大，但我们仍然可以用脚步丈量（环绕）。无论你在这个圈子中的哪里移动，你都会遇到超自然的力量。如果你不向它们献祭，不屈服于它们，它们便会残忍地报复你。这些反人类的力量无处不在，以威胁性的图像的形式出现。因此，人们很少（不情愿地）离开村庄这个保护性的空间。这是人类在非人道的生命世界中的文化上进行征服的小片段。如果人们离开文化去冒险，那么怪物就潜伏在暗处；如果有陌生人来到村庄，那么这就构成对宜居的、熟悉的环境的入侵。当时的人们就是这样低着头进入共同体的，并度过了他们相对较少的几年寿命。当他们死去时，要么是死于人类之手，要么是死于超自然之手的谋杀。因此，幸存者（Überlebenden）必须为此复仇。

字母行打破了这个狭窄的魔法（魔术）领域，它打开了得以伸展的广阔空间。世界的起源被推到了远超出人类尺度的地方，我们只能将诸如"150亿年"这种无法解释的概念作为实际的衡量。世界的范围已经扩展到了人们无法想象的地步。无论人类移动到哪里，无论是远在天涯，还是近在咫尺，只要他走得够远，就会碰到虚无。使我们受限的超自然力量不仅已经被透视（实际上主要是四种，即重力、电磁、强力和弱力），而且在某种程度上已经被我们利用。在这个广阔、空洞且部分已被利用的世界中，我们以不断提高的敏捷性和速度移动。在这个过程中，我们只是相互碰撞。我们尽可能地推迟死亡，然后要么忽略它，要么讨论它。所有这些对生活环境的巨大改变，在三千年前是完全不可想象的，它们都是字母行的作品。

可以说，字母行和随之而来的思维方式照亮了魔法（魔术）神话生活世界的昏暗。它们在这个世界中打破了窗户,允许批判性思维的光芒(启蒙)进入。但这样还不足以全面地认可字母行的突破。它的突破以窗户的打开作为标志,但后来批判性思维也安装了门,人们可以通过它们走出去,去探索。最终,字母行拆除了墙壁。现在,批判性思维的清晰光芒从四面八方涌入,即使是个人也被这些寒冷的 X 射线穿透到内心深处。这意味着再也没有什么剩下的东西可以被启蒙了。批判性思维的光芒找不到任何可以抵挡的东西,它们陷入了虚无。

因此,字母书写(和思维)已经达到了其原始目标(并超越了它)。为了能够继续思考,人们必须寻找新的符号。然而,如果声称线性意识已经超越了它的目标(尽管它陷入了虚无),那么就是线性历史在推动历史批评,即线性思维再次发挥功能,因为此时的说法是,历史是一个从前期狭窄的充足导向后期广阔的虚无的过程。

出于某种荒谬的原因,历史意识无法达到其目的,因为只有在历史意识中才有目标(它是线性的),其他的意识维度则是无目标的。因此,如果历史意识指向无目标的维度,那么它就是错误的结论,它只能在历史中追求目标,而不是在神话或新的事物中追求目标。只有在这个意义上才可以说历史超越了它的目的,即它产生了一种新的无目标形式(Form von Ziellosigkeit)。这意味着历史可以平静地继续前进,并追求它的目标(永远无法实现),但对于站在新的意识维度上的人来说,他可以从上方(既然超越了这一目标)观照一切目标,因为这与他已经无关了。

前历史的意识维度以图像的形式表现出来,历史的意识维度以字母的形式表现出来,新的意识维度以数字的形式表现出来。深渊横亘在历史维度与新意识维度之间。每次字母尝试跨越深渊向数字过渡都必将失败,因为它携带了自己线性的、目标导向的结构,并试图插入数字,从而掩盖数字。因此,上文提出的那个基于字母的意识的模型应该被废除。这同样适用于整个基于字母的本文,只要它试图超越书写而书写。它提供的这个临时的比喻应该带着适当的怀疑主义(Mistrauen)置于新事物之上,然后再消除这种不信任。

至于这篇文章试图超越书写,那就必须在用过之后将其焚毁。它是通过文字而对文字进行的书写(当然它写得还不够充分)。从双重意义上来看,它应该被理解为一种书写的签名——它既希望对所写的内容进行确认,也是在终点之前要被阅读的最后的文字。

如果有人反驳,那么首先可以说书写并不需要得到确认。书写者自称要代表这种古老而伟大的精神表达方式,这似乎有些自负。但是,这难道不是现在常见的行为吗?通过散发请愿书或抗议书而获得成千上万的签名不是司空见惯吗?作为成千上万个签名中的一个,作为为了被指控的文字而签署的请愿书上的一个签名,作为对抗即将到来的第二次文盲威胁的抗议书上的一个签名,甚至作为这篇文章中被压抑的哭泣,这个签名也应该得到理解。但是,如果书写被埋葬了,我们怎么可能完全压抑住哭泣,即使一个人在意识最薄弱的地方相信我们没有哭泣的理由。

如果说文字书写是最后的本文,一些人会认为这个说法是荒谬的。但可以肯定的是,未来将有更多的文本通过印刷厂和先进的技术复制装置涌出。撰写这篇文章的作家可能会撰写更多的文本——他别无选择。最后,考虑到这种文本通胀,真正地去谈论最终的文本是具有意义的。这篇文章就是为阐明这种意义所作出的努力。

有些人进行书写,是因为他们认为书写还具有意义;有些人不再书写,而是回归了幼儿园;还有一些人,尽管他们知道这没有意义,但仍在书写。这篇文章虽然针对的是前两种类型的人,但它是为了第三种人书写的。

第二版后记[1]

如果是新的版本就必须超越（Überlegen）原来的版本，即这种新超越就必须对旧的版本进行补充。这种补充文本（Nachschrift，元文本）并非必须关注更新，因为它是一篇文章。所谓的文章就是一种尝试，目的是鼓励别人思考，并促使他们提供补充内容。这也是作者出版本书的原因。也就是说，它就像滚雪球一样，补充的东西越来越多地覆盖原有的东西。一系列的新版本应当展开，并伴随着新思考与原有思想的重叠。发表思想并非要证明或反驳某件事情（如在一个实验中），而是要以对话的方式不断地重新思考。因此，一个新的版本证明了我们依旧要关注书写，而并非关注书写之后的东西。打破"书写"，从文字中跃出，然后走向"书写之后"并非一件容易的事情。这篇文章缺少这方面的成功，这是值得思考的。

以本文的思想推测，从根本上说，存在两种书写方式：向后回到图像或向前进入数字；向后回到想象或向前进入计算[2]。在考虑这些的过

---

[1] 原著 1987 年首次出版时没有后记，是 1989 年的第二版增加的内容。——译者注
[2] 弗卢塞尔在这里明确了技术图像融合了传统图像的想象力和新时代的程序式计（转下页）

程中，上述两种方式可以合并，实现啮合。也就是说，数字可以被计算成图像。人们可以试着打破文本，从以书写为基础的思维进入直觉的计算。如果这能取得成功，那么在文本的思维方式中，想象及计算的思维方式将被扬弃。由此，书写者将吞噬并消化数学家和图像的制造者，从而将自己提升到某种新维度的层面。不过，在此处，它并没有成功。

遗憾的是，对这一失败的解释十分简单，即作出这种尝试的是一个数学能力不足的书写者。有人可能会认为这可能事先早已被认识到了，但实际上，那些数学能力十分充分的人并不试图打破书写，因为他们已经将书写搁置在一边了。因此，即使意识到自己的能力是不足的（不可避免地会失败），他还是要尝试。这正是本篇文章思维上的戏剧性之处——它认识到自己能力的不足，并且必须转向那些更有能力的人以继续尝试，目的是能够持续地阐释。

对自身能力不足的认知并不一定是缺点。在这一过程中，能力不足的人有可能让自己变成笑料，但为的是努力保持向前。因此，"人们并非以戏谑的方式移风易俗"[①]（ridendo castigat mores），而是"以戏谑的方式改变自身"[②]（ridendo castigat se ipsum）。并且，这毕竟不是完

（接上页）算能力，从而以技术想象力完成技术图像的生产：将字母-数字中的数字分离，以数字的方式把文本符号转换为技术图像符号，同时完成对技术图像的解读。——译者注

[①] 拉丁谚语，意在说明文学创作中的讽刺手法对社会治理产生的影响，即抨击世事并引发变革，因为改变规则的一个方法就是向人们展示其荒诞性与不合理性。这种讽刺艺术包含但不限于讽刺小说、讽刺诗和脱口秀等。具体而言，就是通过戏谑地抨击世间不道德和不体面的事情，一方面警示大众这种不道德和不体面事情的存在本身，另一方面让做这些事情的人感到羞愧，从而改正自己的行为。——译者注

[②] 拉丁语，直译为"通过笑来惩罚自己"，即一个人通过嘲讽或幽默的方式批评或惩罚自己。这种做法通常带有自我反思和自我批评的意味。——译者注

全的失败,因为它至少引导出了在我们面前的第二版。

威廉·弗卢塞尔
1989 年 6 月

译后记

《书写有未来吗?》是传播学学者、数字媒介哲学家威廉·弗卢塞尔生前的最后一部著作,出版于1987年,原书的德语书名为"Die Schrift: Hat Schreiben Zukunft?"。在德语版面市时,有关纸质书籍的终结成为讨论的对象。为了呼应这一讨论,弗卢塞尔出版该书时还特地使用了两张软盘以电子版方式出版。弗卢塞尔直面数字与字母(字母-数字符号)的分离,即传统的文字书写不可避免地让位于数字表达,肯定了思维与交流(传播)也会相应地发生变化。也就是说,媒介(技术)的变化会对人类传播及人的世界图景产生影响。"技术与人的关系"这一命题是技术哲学的母题,这不正与当下流行的人工智能与人的关系(如关于ChatGPT的话题)具有类似的情境吗?"太阳底下无新事",卢梭早在1749年撰写的论文《论科学与艺术的复兴是否有助于敦风化俗?》里就讨论了科学与艺术并不会导致纯粹崭新的"罪行",其作用在于掩饰"罪行",进而逐渐使人们接受并对其习以为常。卢梭秉持着人类纯粹的自然性倾向,这是一种自由主义的视角。弗卢塞尔亦向往人的自由,所以他肯定了书写形式变化对新思维的推动,以及新的传播方式的产生。整体而言,贯穿弗卢塞尔多部著作的核心观点与人如何使用媒介相关。

译后记

首先，从人与技术关系的历史溯源角度来看，站在历史终结与后历史①生成的边界上，弗卢塞尔观察到书写的终结，以及将文本转化为技术图像这一现象的诞生。但是，弗卢塞尔基于对人性懒惰的熟知，断言人们出于惰性不会轻易地接受新的媒介。在 2 500 年前的苏格拉底时代，人们热衷于对当时的文字进行批判，担忧文字的出现可能伴随着文化危机与人的异化。早在公元前 4 世纪，柏拉图就在其著作《斐德若篇》中借助苏格拉底之口，将文字与口语的关系进行了对比阐释。苏格拉底讲述了一则古埃及的神话故事：很久很久以前，在尼罗河的上游的一座被称为底比斯（Thebes）的城市中，居住着一位叫作塔穆斯（Thamus）的国王。在塔穆斯统治的埃及时期，有一天，智慧之神图提（Theuth）特意跑来拜访国王塔穆斯，并向他介绍自己的一切知识（发明），其中就包括文字。

对于文字，图提说："大王，这件发明可以使埃及人受更多的教育，有更好的记忆力，它是医治教育和记忆力的良药！"国王回答说："多才多艺的图提，能发明一种技术是一个人，能权衡应用那种技术利弊的是另一个人。现在你是文字的父亲，由于笃爱儿子的缘故，把文字的功用恰恰说反了！你这个发明结果会使学会文字的人们善忘，因为他们就不再努力记忆了。他们就信任书文，只凭外在的符号再认，并非凭内在的脑力回忆。所以你所发明的这剂药，只能医再认，不能医记忆。至于教育，你所拿给你的学生们的东西只是真实界的形似，而不是真实界的本身。因为借文字的帮助，他们可无须教

---

① 关于"后历史"的论述，参见［巴西］威廉·弗卢塞尔：《后历史：二十篇短文与一种使用方法》，李一君译，复旦大学出版社 2023 年版。

练就可以吞下许多知识,好像无所不知,而实际上却一无所知。还不仅此,他们会讨人厌,因为自以为聪明而实在是不聪明。"①

此后,每当媒介技术迭代升级,书写技术都随之发生革命性的变化。每当此时,苏格拉底的疑问便再次萦绕在人们心间,成为人们审视媒介文化的方法论切入点。例如,古腾堡在 15 世纪改良书籍印刷技术,使机器大量复制文本成为可能,印刷文字得以流行,最终使学校教育得到普及,降低了文盲率。但是,有人认为这种印刷式的书写没有灵魂,无益于人们增长智慧。同样,当电报通信技术在 19 世纪被发明出来之后,梭罗在其著作《瓦尔登湖》中却对它大加讽刺:

我们急不可待地建筑了一条磁力电报线,从缅因州直达得克萨斯州,可是缅因州和得克萨斯州之间也许根本没有什么重要的东西需要交流。……这种现象仿佛主要目标是赶快把话说出来,而不是有一说一地把事情说清楚。我们急于在大西洋底下打通隧道,让旧世界向新世界靠近几个星期,但是最先传入那只肥厚耷拉的美国耳朵的消息,却是阿黛莱德公主患了百日咳。②

自文字出现之后,它经历了书籍印刷、电报、收音机、电视、电脑、互联网、智能手机等载体的迭代。美国《大众科学月刊》(*Popular Science Monthly*)于 1897 年 12 月刊载的编者文章(Editor's Table)引发了人们的思考,即旧媒介的终结与新媒介登场之时,媒介与人的关系问题。

---

① [古希腊]柏拉图:《斐德若篇》,朱光潜译,商务印书馆 2018 年版,第 74 页。
② [美]亨利·戴维·梭罗:《瓦尔登湖》,苏福忠译,人民出版社 2008 年版,第 40 页。

译后记

  每一种进步都会导致人部分能力的滥用,除非它对其他部分的活动有补偿性的作用,否则就个人的发展而言,没有任何好处,甚至可能会有损失。很明显,许多有用的新发明,虽然加快了生活的节奏,但并不能促进体力或智力的运用,而今天为大众娱乐和消遣所做的大量供给,几乎没有什么教育价值,甚至可能会伤害到反思能力。当越来越多的奢侈品和各种新奇的事物摆在人们面前,诱惑着各种感官,内心的需求很容易被抛到一边,被遗忘。①

  可以看出,从苏格拉底时代开始,人们对新媒介的出现就具有一种警惕的心理,因为对外物的依赖会造成人的懒惰,从而导致内在自性的迷失。进而言之,外物挑动人的感官甚至情绪,使人将感官的延伸(生理反应)误认为思想(反思)的结果。无疑,苏格拉底式的忧虑值得我们思考。但是,现实的荒谬之处在于,柏拉图从哲学、认识论角度以口语式对话对文字展开的批判,最终不也沦为文学了吗?

  其次,从考察中国当前媒介文化的角度来看,媒介现象学是一种有效的重要方法。弗卢塞尔对书写未来的批判性考察有助于我们在新媒介时代再次思考文字与图像的关系,直面文字符号支配地位的丧失,以及数字符号的崛起与其启蒙意义。同时,以此为切入口,可以更好、更有效地观照我们所处的图像化世界,如对图像对话(Plog)的流行、移动短视频的泛滥等现象展开分析。

  "书写有未来吗?"既是这本著作的书名,也是弗卢塞尔考察媒介的

---

① Lens WeLens:《一百多年了,人不长记性的吗?》,2020 年 5 月 14 日,澎湃新闻百家号,https://m.thepaper.cn/baijiahao_7381942,最后浏览日期:2024 年 4 月 23 日。

问题意识出发点。弗卢塞尔确信"现象并不是物自体,而是在考察之中出现的事物"①,所以他不是通过既有的"成见"去看待眼前的事物,而是通过现象学的研究方法去考察"书写"作为媒介的本身,以通达"书写"的各种"显象"来寻找其本真面目。

在原著的序言中,弗卢塞尔对书写的未来进行了批判性的否定——书写终结了(几乎或者完全没有未来)。弗卢塞尔的本意在于强调终结的是历史中的书写,而后历史中的"新书写",即书写的未来是可以想象的,因为不同的媒介时代必定伴随着新的媒介形式与新的媒介意识、行动,从而造就新的媒介文化。在后历史时代,新的媒介文化将文本转化为技术图像。换句话说,弗卢塞尔认为书写将被新的形式替代,即技术图像的"书写"将取代原有的书写。进而言之,书写的形态发生了变化,技术图像也可以被视为一种新的书写。此前的书写可被视作一种传统书写,是以字母-数字符号为中心的文本书写;在新的时代,技术图像由数字(0 和 1)组成,所以数字符号取代了文本符号,成为在技术图像时代占主导地位的符号。

最后,从普通人如何面对新媒介的角度而言,弗卢塞尔也在本书中给出了答案。按照人类传播史的划分,人类在不同的媒介时代具有不同的认识世界的意识。截至目前,人类分别创造出了图像的世界(前历史时代,神话、魔术意识)、文本的世界(历史时代,逻辑意识)和技术图像的世界(后历史时代,技术想象意识)②。当人的意识与媒介属性相匹配时,媒介文化就能够应对发展的机遇;当人的意识与媒介属性不匹配

---

① 参见[巴西]威廉·弗卢塞尔:《传播学:历史、理论与哲学》,[德]斯特凡·博尔曼编,周海宁译,复旦大学出版社 2022 年版,绪论第 6 页。
② 参见[巴西]威廉·弗卢塞尔:《传播学:历史、理论与哲学》,[德]斯特凡·博尔曼编,周海宁译,复旦大学出版社 2022 年版,第 82—85 页。

时，媒介文化就会陷入发展的危机。不过，在媒介的调解作用下，人与世界之间是深渊还是桥梁，取决于人能否正确地使用媒介。从这一点来看，弗卢塞尔并非技术决定论的拥趸，而是负责任的人道主义者。因此，面对我们的文化开始走向由电脑与数字符号组成的所谓"远程信息文化"时，弗卢塞尔主张，我们应该从旧的思考方式和价值中跳出来。换句话说，弗卢塞尔支持这种"范式转变"的必然性，即在历史开始之后，从以文字和书籍等媒介为基础而形成的线性、进步性、历史性的思考方式，转变为以新的数字符号为基础而形成的非线性、循环的、后历史性的思考方式。

需要说明的是，本书的翻译是以从弗卢塞尔之子米格尔·弗卢塞尔（Miguel Flusser）先生手中获得授权的德语版（1987）为基础，同时参考了韩语版（2015）和英语版（2011）。在此，我感激恩师金成在教授的教诲与引领；感激复旦大学出版社刘畅编辑付出的辛苦劳动；感谢为此书出版提供支持的山东师范大学与青岛恒星科技学院；感谢家人与亲朋好友对我的照顾和包容；还要特别感谢青岛恒星科技学院周轩（毕业于克劳斯塔尔工业大学信息学专业）老师在本书德语校对方面的付出，感谢我的学生许凌波、贾雨薇、高方方、张玲燕在中文校对方面所做的工作。

周海宁
2024 年 3 月于山东济南

图书在版编目(CIP)数据

书写有未来吗?/(巴西)威廉·弗卢塞尔著;周海宁译.--上海:复旦大学出版社,2024.7.--ISBN 978-7-309-17570-7

Ⅰ.H02

中国国家版本馆 CIP 数据核字第 20247XW383 号

Copyright © Vilém Flusser, 1987
This translation of *Die Schrift: Hat Schreiben Zukunft?* is published by arrangement with Miguel Gustavo Flusser.
Chinese simplified translation rights © 2024 by Fudan University Press Co., Ltd.

上海市版权局著作权合同登记号:图字 09-2024-0674

书写有未来吗?
[巴西]威廉·弗卢塞尔 著
周海宁 译
责任编辑/刘　畅

复旦大学出版社有限公司出版发行
上海市国权路 579 号　邮编:200433
网址: fupnet@fudanpress.com　http://www.fudanpress.com
门市零售:86-21-65102580　团体订购:86-21-65104505
出版部电话:86-21-65642845
上海盛通时代印刷有限公司

开本 787 毫米×960 毫米　1/16　印张 12.5　字数 150 千字
2024 年 7 月第 1 版
2024 年 7 月第 1 版第 1 次印刷

ISBN 978-7-309-17570-7/H·3449
定价:56.00 元

如有印装质量问题,请向复旦大学出版社有限公司出版部调换。
版权所有　　侵权必究